世界初の格闘技の
ミット持ちの
教科書

JN108446

はじめに

　スポンジやウレタンなど、緩衝材の詰められた用具（ミット）を腕に装着し、パンチやキックを受け止める格闘技のトレーニングメニューを「ミット打ち」という。

　パッドトレーニングなどとも呼ばれるこのエクササイズは、ボクシングやキックボクシング、ムエタイ、MMA（総合格闘技）に共通して、その練習において、重要な位置を占めている。

　キックボクシングやムエタイにおいては、試合形式の練習（いわゆるスパーリング）を一切行わず、その代わりとして、ミット打ちの量を積んで、試合を迎えるという選手も少なからず、いる。ボクシングにおいても、スパーリングを行うのは、通例、試合前の数週間程度のみである。

　柔道やレスリングなど、組み技競技においては、スパーリング（武道では乱取り・乱捕）こそが練習の主軸であるのに対し、グローブで顔面を打つ競技においては、試合本番に至る日々のなかで、試合形式の練習をする量は極めて少ないのだ。試合形式のメニューを積んでしまえば、脳のダメージが蓄積してしまうことがその背景にあるわけだが「試合のための練習で、試合形式の練習をしない」なんて、ごく稀なスポーツといえるだろう。

　それだけに、ミットを持つ側が相手選手同様に動くターゲットとなり、ときに反撃を仕掛けるミット打ちは、スパーリングの代替物として欠かせないものなのだが、これまで、この「ミット持ち」の方法を一冊にまとめた読みものは存在しなかった。

　大衆にとっては「いかに打たせるか?」などということより「いかに殴るか、蹴るか」の方が興味のある題材だからだ。そのニーズに応え、パンチ・キックの打ち方を解説する解説書を作り続けてきたことはマスコミとして正しいことではあるのだが、専門書というジャンルにおいては、練習相手が「いかに打たせるか?」について伝えるということも、あって然るべき内容だろう。一方、インターネット上には、ミット練習の動画が転がっているが、やはり、玉石混淆の情報であり、説明が不十分……あるいは誤解を招くと思われるものも多い。

　そこで、本書では、これまでスポットが当たることはなかった「ミット持ち」のポイントについて、伝えていく。この本を通じ、ミットを持つ側の人が、その基本から奥義ともいえるコツの数々までを学べば、練習をする側の人は、そのパンチやキックがキレッキレに変化していくことを感じることとなるだろう。

　長年の研鑽の末に身につけた技術を公開してくれるのは、現役時代はムエタイのトップ選手と渡り合い、現在はぱんちゃん璃奈をはじめ多くの選手をコーチしている鈴木秀明氏。2000年代のキックボクシング界に君臨した名王者・桜井洋平をほぼミット練習だけで、その地位に上り詰めさせた名トレーナー若林直人氏。そして、謎のミット持ち職人ことスーパークラフターU氏の三人。鈴木氏には持ち手と打ち手のフィーリングによって紡ぐフリージャズのようミット打ちを、若林氏にはさまざまな攻撃に対する持ち手の動きの基礎を、スーパークラフターU氏には打ち手を楽しませる工夫を披露してもらった。

　それぞれのミットの扱い方には、やり方が同じ部分があれば、少し異なる部分、まったく異なる部分、近いが微妙に異なる部分もある。一流の料理人の調理の過程を公開するテレビ番組をみれば、複数の一

流シェフが同じ料理をつくっても、その調理過程に様々な違いがあるのと同様だ。読み比べて、「ここは、鉄則なんだな。ここは、いろんなやり方があり得るんだ」といった具合に、感じ取っていただきたい。

キックボクサーや総合格闘家のみならず、「友人と格闘技の練習がしたい」「空手をやっている子どもの練習相手をしたい」といった方も、この一冊で、ホンモノの技が身につくだろう。家の中で夫婦や親子でコミュニケーションをはかりながら実施可能で、ストレス解消やカロリー消費に繋がるこのミット打ちは、感染症リスクに気を遣う時代において、より社会に求められるものともなろう。

翻って、格闘技界をみれば、現状、海外では、ミット持ちは"ジムに雇われている元選手のトレーナー"が専門的に担当することが多く、ジムの会長・オーナーがミットを持つようなケースはあまりみかけない。それに対し、日本では、会長自ら叱咤激励しながら選手のキック・パンチを受け止める姿を多く目にする。この国における武道文化の流れからか、そこにはビジネスではないなにか……「手塩にかけて育てる」とか「師弟愛」といったものが根底にあるように思われる。

しかし、長年に渡り、ミット持ちを長時間続けている人の多くが、肘や肩に慢性疲労を抱えているのも事実だ。近年「軽微な衝撃でも、脳に振動が伝わるようなものであれば、長年に渡って身体に受け続けると、高齢になってから脳障害を患う率が高まるのではないか」といった説もある。ミット持ちは自己犠牲を払っての奉仕なのだ。これらのことからは、ミット持ちを一人のトレーナーに任せるより、多くの人（選手同士など）ができるようになることが、格闘技界にとってもあるべき未来のように考えられる。

この書籍が、社会と格闘技業界の一助となれば幸いである。

2021 年 9 月　ベースボール・マガジン社　格闘技書籍編集担当

世界初の格闘技の
ミット持ちの教科書

CONTENTS

はじめに -- 002

第1章
鈴木秀明先生の場合…009
理論編 010　　実技編 016

1. ミット装着法 -- 016
2. ジャブ -- 018
3. ワンツー -- 019
4. 左フック -- 022
5. 右フック -- 025
6. アッパー -- 028
7. ボディプロテクターの使い方 ------------------ 030
8. ミドルキック -- 034
9. ハイキック --- 040
10. ローキック -- 043
11. 前蹴り -- 047
12. ヒザ蹴り --- 048
13. ヒジ打ち --- 051
14. フリーミット --- 056

第2章
若林直人 先生の場合…065

理論編with桜井洋平 066　　**実技編 072**

1. 立ち方と構え --- 072
2. パンチの受け方の基本（キックミット） ------------------ 074
3. パンチの受け方の基本（パンチミット） ------------------ 076
4. 蹴りの受け方の基本 ----------------------------------- 078
5. キックミット装着法 --------------------------------------- 080
6. ジャブ・ストレート ------------------------------------- 082
7. 左フック --- 084
8. 左アッパー --- 088
9. 左ボディ --- 090
10. 右アッパー --- 092
11. ボディストレート --------------------------------------- 094
12. 左ミドル --- 096
13. 右ミドル --- 098
14. 右ロー --- 100
15. 左インロー --- 102
16. ハイキック --- 104
17. 前蹴り --- 108
18. ヒザ①（両手） --- 110

19. ヒザ②（片手）――――――――――――――――――――――― 112
20. 右ヒジ ――――――――――――――――――――――――――― 114
21. 左ヒジ ――――――――――――――――――――――――――― 116
22. ミット持ちの動きに反応して行うミット打ちの実際 ――――――― 118

第3章
スーパークラフター**U**先生の場合…121

理論編 122　　**実技編 126**

1. 記数法ミット打ち：42手 ――――――――――――――――――― 126
　①8手 ―――――――――――――――――――――――――――― 127
　②9手 ―――――――――――――――――――――――――――― 130
　③9手 ―――――――――――――――――――――――――――― 133
　④3手 ―――――――――――――――――――――――――――― 136
　⑤4手 ―――――――――――――――――――――――――――― 137
　⑥4手 ―――――――――――――――――――――――――――― 138
　⑦3手 ―――――――――――――――――――――――――――― 139
　⑧2手 ―――――――――――――――――――――――――――― 140
2. ディフェンスパターン ―――――――――――――――――――― 142
　①パーリング ―――――――――――――――――――――――― 143
　②ブロック ――――――――――――――――――――――――― 146
　③ウィービング ――――――――――――――――――――――― 149

④ダッキング -- 152

⑤エルボーブロック --- 155

⑥スウェー -- 158

⑦ブリッジ -- 161

3.ハイスパート -- 162

①4連打 -- 162

②ワンツー -- 164

③ヒジ・飛びヒザ -- 166

④縦ヒジ・バックハンド ------------------------------------- 168

⑤スーパーマンパンチ -- 170

⑥ショルダーブロック -- 172

⑦ビッグセール --- 174

⑧ビッグバンプ --- 175

Column1 鈴木秀明のカスタムミット ------------------------------ 039

Column2 若林流ミットに右フックがないのは -------------------- 087

Column3 得意技はミット持ちが作る ------------------------------ 107

Column4 事前・事後のストレッチケア -------------------------- 141

※本書では、正確には「ミドルキック」「ハイキック」「ローキック」「ヒザ蹴り」「ヒジ打ち」と表記すべきところを「ミドル」「ハイ」「ロー」「ヒザ」「ヒジ」といった競技愛好家にとっては一般的な略称で表記しているところがございます。ご了承ください。

デザイン：ギールプロ　石川志摩子
構成：長谷川亮
スチール撮影：馬場高志
映像制作：編集スタジオとのさまがえる
撮影協力：スタジオあまがえる

動画のみかた

[動画内容]

映像は、すべて、本書のためにあらたに撮影・編集したものです。各解説項目の中で、特に映像でみた方が理解しやすいと思われるエクササイズについて、映像での紹介を加えています。

[動画視聴方法]

各エクササイズの見出しの横のQRコードを、スマートフォンやタブレット型パソコン等付属のカメラで撮影することで読み取り、視聴してください。

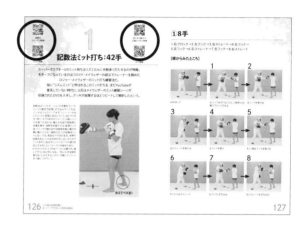

[本書に関する注意]

本書で紹介したトレーニング法・技術を実施した結果生じた事故や障害（傷害）について、著者・監修者・発行者は責任を負いません。特に、狭い室内や、不安定な場所でエクササイズを行う際は、バランスを崩したり、転倒したりといった可能性に備え、安全なスペースや用具を確保のうえ、実施していただけますようお願いいたします。

[動画視聴に関する注意]

動画は、インターネット上の動画投稿サイト（YouTube）にアップしたものに、QRコードを読み取ることでリンクし、視聴するシステムを採用しています。経年により、YouTubeやQRコード、インターネットのシステムが変化・終了したことにより視聴不良などが生じた場合、著者・監修者・発行者は責任を負いません。また、スマートフォン等での動画視聴時間に制限のある契約をされている方が、長時間の動画視聴をされた場合の視聴不良などに関しても、著者・監修者・発行者は責任を負いかねます。

本書および動画に関するすべての権利は、著作権者に留保されています。著作権者の承諾を得ずに、無断で複製・放送・上映・インターネット配信をすることは法律で禁じられています。また、無断で改変したり、第三者に譲渡・販売すること、営利目的で利用することも禁じます。

ミット持ちの教科書

1

元ムエタイ世界王者

鈴木秀明
先生の場合

理論編_P10

実技編_P16

鈴木秀明のミット論

「大切にしているのは "流れ" とフィーリング」

Profile

1976年1月1日、愛知県出身。全日本キックのフェザー級王者を経て、NJKFフェザー級王者となりエースとして活躍。現役時代はローキックを武器にムエタイ強豪を多く倒し"ムエタイキラー"として名を馳せた。IWM世界ジュニアライト級王者にもなり2000年に引退。2006年に「STRUGGLE」をオープンし代表を務める。

モデル：中田ユウジ（STRUGGLE所属フェザー級）
　　　　ぱんちゃん璃奈（STRUGGLE所属KNOCK OUT-BLACK女子アトム級チャンピオン）

90年代、打倒ムエタイの急先鋒として活躍した鈴木秀明。2006年にSTRUGGLEを開設し15年、たしかな指導手腕を発揮しぱんちゃん璃奈をはじめとした王者を生み出してきた。ミットトレーニングにも鈴木自身の体験、そして理論が色濃く反映されている。ミットに関して聞いた話は、やがて指導論にも及んでいった。

鈴木秀明のミットヒストリー＆基本理念

現役時代の鈴木秀明（左）

——まず鈴木会長のミットヒストリーをお聞きしていきたいと思うのですが、最初は現役時代に持ってもらう立場としてスタートした訳ですよね？

鈴木　基本は小森（次郎・名古屋 JK ファクトリー）会長が持ってくださって、トレーナーの方が入ってくださった時もありますけど、現役の時はほとんど小森会長です。その中で小森会長から教わったこと、タイに何度か行っていたのでタイの上手い先生を見たり、ムエタイとボクシングのいいところを混ぜて、あとはフィーリングでやっています。

——ご自身がミットを持ってもらってきたこと、見聞きした経験が活きているのですね。

鈴木　そうですね。ただ、基本は選手たちをどうしたらいいのかな、よくするにはこうしたらいいのかなって思って持つことが多いです。基本的なパターンは何年もやってきて、その中で作ってきたものはあるんですけど、選手や対戦相手に応じて持ち方を変えたりしています。基本のパターン、大体この感じで動くっていうのはいくつかあって、それを僕は選手に合わせてパターンでやっています。基本的には自分から技の指示をしていくパターンと、選手が自ら打ってくるパターンの２つがあって選手によって使い分けています。

——選手が自ら打ってくるのはいわゆるフリーミットのことですね。

鈴木　ただ、そうなるとどうしても技は少なくなります。たとえばハイキックとかはさすがに受けづらいので、そういうのはちょっと減ってきたりします。

——ミットを持つ際気をつけていること、心掛けていることを教えてください。

鈴木　１つ１つしっかり持つっていうこと、ちゃんと流れを作って打たせること、ですかね。その選手の流れを出すというか。それを基本に考えてます。基本的には全部やるんですけど、試合が決まっていれば次の対戦相手と選手のスタイルを考えて受けることが多いです。

——相手の個性を引き出したり、いいところを伸ばしてあげる感じでしょうか。

鈴木　そうですね、いいところ・いい場面を作るのと、悪いところを「ここをこんな感じで」とか「ここをこういう風にすると、もう一段階よくなるので」とか喋りながらですね。その中できちっと受ける、しっかりいい打点で受けることが一番だと思います。せっかくミットをやるんだから"いいラウンドにしたいな"と思って持ってます。一般の会員さんを持つ時は特にそうです。

——鈴木会長以外のスタッフの人がミットを持つ場合もあると思いますが、その場合に共有していることはありますか？

鈴木　うちはプロ選手がトレーナーに入ってくれているので、その子たちのニュアンスがあった方がいいし、基本的にやっている動きは大体一緒だと思います。気が付いたことがあった時は言いますけど、基本的に

現役時代の鈴木秀明

はトレーナーたちに任せています。それぞれの色があった方がいいので。

ミットは打ち手と持ち手のジャズ的なもの

——やはりミット打ちはキックボクシングにおいて核となる、重要なトレーニングなのでしょうか。

鈴木 僕は結構ミットに重きを置いています。試合になるべく近い状態にして、技術の練習、相手との間合いの練習、フォームの練習、スタミナの練習、トータルでたくさん織り込めるといいなと思っています。攻撃の流れを綺麗にできるようにしてあげたいし、フォームとかもそうですね。ミットをやってる選手とミットをあまりやってない選手ってフォームが違いますよね。僕はせっかくキックボクシングをやってる人には上手い、いいフォームでカッコいい動きをさせてあげたいと思っています。ミット打ちはエクササイズとしての要素もすごく高いし、強さ・上手さ、そして楽しさも集結してくると思います。思いっきり自分と向き合うこともできるし、1Rの3分間っていうのはすごく充実したものにできるのかなと思っています。

——一般の人にとってミット打ちはキックボクシングの醍醐味を堪能できる時間ですね。

鈴木 そうですね、ミットの持ち手とどうコミュニケーションを取ってタイミングと軸を作っていくか。どんどんやっていって、ダメなところはこっちがバッと攻撃したりして作っていく、ジャズ的なものかと思います。"打ち手の流れと力を引き出してあげたい"というのが僕が一番思っていることです。

——持ち手の人が見極めていいところを引き出したり、悪いところがあったら直してあげる、そういった共同作業的なところがあるのでしょうか。

鈴木 僕はそう思ってます。いかに打ち手の人を引き込めるか。その引き込まれた、入った状態でババッとやり合うところっていうのが試合の感覚に近いのかなって思います。そこで出せる技、反応する技、綺麗な技を出せる子は試合の場でも出せるようになっていくと思います。ただ持ち手もそこに入る＝僕らもミスして受けることもあるので、いっぱい怪我しながらいろいろ上手くなってはいます。

ミットを持つためのコンディションと注意点

——やはりミットは持ち手に負担が掛かる練習なので、広くその技術を学んでもらい負担を軽減したいというのが本書の狙いでもあります。

鈴木 腰痛とかも出るだろうし、肘・膝だったりの関節も怪我したりしやすいので、動けるようコンディションを作っておくのは気をつけてます。腰を痛めるから腹筋を鍛えておかないといけないし、腹のプロテクターで受けることも多いから、腹が弱いと効いちゃったりするんです。でも、それでどれぐらい攻撃力があるか分かったりするので、そういう点では直接打たせるっていうのは大事なことだと思います。

——ミットを持つ上での注意点があれば教えてください。

鈴木 一番危ないのはミットを寝かしてキックがスッポ抜けて上に行ってしまって、それで顔を蹴られちゃうとか、それは絶対ダメだと思います。僕の先輩が昔それで顎が折れて入院してしまったことがありました。それまで3戦3勝だったんですけどそれで1ヵ月とか入院して引退になってしまって、目の前で先輩がポーンと倒れてビックリしました。僕が16か17の時です。僕自身もバーンと蹴りを受けて記憶が飛んだことがあります。綺麗に受けてあげよう、強く受けてあげようっていう気持ちが強くなり過ぎちゃってミットで迎えに行って、その時に相手が変な角度で蹴ってきて当たっちゃって。ハイキックをもらったのと同じ状態になって、後から全然記憶が無くなっちゃいました。だからそれもサービス精神からの失敗ですよね。ミットを寝かさないようにするのは本当にみなさん一番気をつけた方がいいと思います。強いところと不用意なところが当たると一番危ないです。

様々なミットと練習法

——鈴木会長はミットの時はやはりボディプロテクターが標準装備となるのですか?

鈴木 基本はボディプロテクターと膝とスネ当てを付けています。膝当ては組んだ時に自分がヒザを相手に打てるようにするためです。怪我をさせちゃいけないし、膝当てがあれば自分もヒザをポンと入れられるので、流れの中で気兼ねなく返せるんです。

——ボディプロテクターはその名の通り、ボディへの攻撃を受ける訳ですよね?

鈴木 そうですね、ボディブローや前蹴りを受けます。プロテクターがあったら流れの中で向こうが自由に前蹴りを出して止められますよね。前蹴りはもう流れの中で、近寄ってきた時に蹴るっていうパターンです。

——片手をパンチミットにする場合もありますが、この意図について教えてください。

鈴木 これはフォーカスして綺麗に打たせやすいのと、自分が持ちやすくて返しが早いんです。あと、僕は構えを変えるんです。基本的には右で構えてやるんですけど、相手が左利きだと左で構えてやったりします。パンチミットで蹴りを受けることもできますが、ミットが小さいと打つ方が気を使っちゃうので、ローキックとかはバッとそのまま勢いで蹴っちゃった方がいいし、ぱんちゃんの時だとバッと蹴れるよう左手をキックミットにしています。面積が多い方が蹴りやすいし、そうやって自分が受けていて受けやすいのと相手が安心して蹴り込める感じ、基本的にはそういった流れとフィーリングで決めます。他にもドラムミットやスティックミット、ハンドミットも使うし、僕はいろいろ使います。全部原理は一緒なので。

——ラウンドの最後には「階段」といって連続でミドルを蹴らせる場合がありますが、あれは息上げであったりスタミナの養成?

鈴木 僕はあんまりやらないです。もしラウンドの最後にやるよって言われて分かっていたらちょっと体力を残しますよね。だからもしやるなら言わないで急にやります（笑）。それにそれをやるって、そこまでクオリティを上げなくてもいいからミット持ちは連打を蹴らせた方が楽なんです。でも、それってミットを持つ

て指導してる人間としてはちょっとズルいのかなって。だから試合前の選手には練習の仕上げでミドルキックの連打をほぼ毎日やりますが、ミットの中ではやりません。今日は打ち手を2人予定していて、中田はフリーで動いて出してくる感じ、ぱんちゃんはこっちが指示するパターンでやります。

"相手を引き出す"ミット

——フリーで打つ場合は持ち手が相手の攻撃を素早く見極め受けるのでしょうか。

鈴木 そうですね、キックってパンチと違って予備動作が少しあったりするので。ただ相手と呼吸が上手く合って、相手の動きが読めないとフリーで受けるのは難しいです。一般会員さんの中でもフリーだとパッと反応できるタイプと上手くできないタイプがあって、どうやっていいか分からない、何していいか分からないっていう人が出てきたりします。だから慣れですね。タイ人でも昔はフリーが主流で、トレーナーが指示していなかったんです。トレーナーのフィーリングでやっていたんですけど、今は外国人が増えたのもあるし、トレーナーが指示してますね。あと僕はタイに行ったらよくジムや練習を見るんですけど、何人かスゴいなっていうトレーナーがいます。

——鈴木会長がここで言われる「スゴい」というのはどういった点をいうのでしょうか。

鈴木 基本的に相手を引き出してトレーナーがガチっと受けてあげていますね。

——鈴木会長が心掛ける"相手を引き出す"ことに長けているのですね。

鈴木 "これを受けれるんだ"とか"こうやって引き出せるんだ"っていう感覚で、安定感もスゴいです。やっぱりすごい動いてるし、エンターテイナーですね。

——選手を乗せる、エンターテインさせてなおかつ引き出すところがあると。

鈴木 乗せて引き出して、サービス精神が高い人が多いなって、見ていて思います。

——選手は持ち手のトレーナーによって引き出されるところがあるのですね。

鈴木 そうですね、でもそれだけじゃ強くならないです。そのスゴいトレーナーが一時期日本のジムにいたんですけど、選手たちがそこまで劇的に強くなったかっていうと難しかったんです。だからやっぱり選手ってトレーナーだけじゃなくて練習もあります。あとはバックホーンがある選手を教えるパターンと、バックボーンがない選手を教えるパターンっていうのはまた違いますよね。一から教えていくっていうのはやっぱり大変だと思います。先日内山高志選手のトレーナーをしていた佐々木修平さんに"スゴいですね"ってお話をした時に「逆に1からこうやって作る人の方がスゴいですよ」って言われたんです。たしかに人によって途中から入って上手い選手をより引き出していくトレーナーもいるし、ボクシングの名トレーナーっていうのはその作業が多いですよね。だから言ってることもやってることも高度だと思うので、そういう人が初心者を見ると難しく感じたり、上手く回らないこともあると思います。

——なるほど、そこはトレーナーによっても分かれてくるでしょうね。

鈴木 それは適性だと思います。最初の選手を上げるのが上手いトレーナーっていっぱいいますよね。一方で、ハイレベルの子をよりハイレベルに上げるのが上手い人もいるし。ただ全部を考えていって、そのロジックや流れさえ掴んでいれば、ある程度は対応できるのかなと思います。

その人が持つ"流れ"を大切にする

——お話に度々出てくる"流れ"ですが、こちらが鈴木会長がミットトレーニング、ミットを持つ上で最も重視されるものになりますか。

鈴木 そうですね、僕はその人、その人の流れを一番大切にしています。

——その人が持つ流れを損なわず、心地よくやれるようにということでしょうか。

鈴木 そうですね。楽しくやってほしいなっていうのが一番で、その人のいいところを出して、悪いところは目をつぶります（笑）。でも、目をつぶってる悪いところを言ってあげると伸びるんです。最初は指導をしていて目をつぶる方針でやっていたんですけど、そうするとやっぱり試合で勝てなくて。それで目をつぶらず言うようにしたら、自分もちょっと言い過ぎちゃうところがあったりしたんですけど（苦笑）、その子がそれを越えてきたらすごく伸びるんです。

——言った方がいいけど、あまり言い過ぎてもよくないと。

鈴木 それは人それぞれですかね。言い過ぎぐらいに言った方がいい人もいるし（苦笑）。そこは本当に難しいです。僕がずっと言い続けたことを誰か違う人が言って「できるようになりました！」って、いやそれは前から言ってるじゃんって（苦笑）。これってたぶん"指導者あるある"だと思うんですけど、まぁ自分の仲間が上手くなればそれでいいです（笑）。最近はそう思います。

——ミットを超えて指導論的にもなってきますね。

鈴木 キックボクシングって痛いのに耐えなきゃいけないし、細かな努力、ミットを毎日打つのって大変じゃないですか。たまに打つのは楽しいけど、毎日それをやれって言われたら大変ですよね。でも、そういう努力で頑張ればキックボクサーは上に行けるっていうのがすごくあります。いざやる時グッと力んじゃうのは他のスポーツでもあると思いますけど、格闘技は痛さと怖さっていうのがあるからそこで力んじゃったりするんだと思います。命に関わるっていうんですかね。他のスポーツでそんなに自分の身が狙われることってないし、だからこそ人間の感情が一番出たり努力の結果も出やすいのかなって思います。

——たしかにキックは他のスポーツにはない部分を持つスポーツです。

鈴木 そうですね、殴ったり蹴ったりっていうのはある程度人間の本能なので、ストレス発散には一番いいのかなと思います。

1

ミット装着法

ミットだけでなくボディプロテクター、スネ当て、
ニーパッドも完全装着してミットを持つのが鈴木流。
実戦に近い攻防を再現するためミットの装着法にも工夫がなされている。

前腕のベルト部分は
きつく締めずルーズにする。

「持ち手をロックする人も多いんですけど、蹴りを掴んだり相手の首を掴んだりするので緩くしています」

これにより打撃だけでなく、キャッチや受け流しなど実戦に即した攻防の練習ができるのだという。またプロ用の硬いミットからアマチュア会員用の柔らかいミットに持ち替える際、着脱が容易な利便性もある。

相手の前蹴りをすくうようにして手で掴む。

押し合い・手での探り合いから、相手の内側を手で制していく。

17

2

ジャブ

ミット打ちでは相手との間合いや角度、位置関係を重視する。
ジャブは最も基本的な攻撃だが、一口に「ジャブ」と言っても
相手との位置関係で持ち方が異なってくる。

1

向き合い構えたところから

Point

左と右どちらのミットで受けるか
は、流れの中で相手との間合いや
位置関係、フィーリングで持ち手が
瞬時に判断していく。

2

基本となる相手と正面で向き合った場面でのジャブ。ク
ロスした左手のミットで受ける。左のパンチに対し、対
角側の左のミットで受けるかたちとなる。

3

打ち手がナナメに踏み込んだ状態からのジャブ（立ち位
置がナナメになっている点に注目）。ここも左手で受ける
と実際の顔の位置からズレが大きくなるため、正面の右
手で受ける。左のパンチに対し、同側の右のミットで受
けるかたちとなる。

3

ワンツー

\Let's Check!/

映像では、近い位置から放つ場合と、遠い位置から踏み込んで打つ場合、双方を紹介している。

「ワンツーは2発とも顔を狙う場合もありますが、ワンでガードを叩いて
ツーで顔を打つ場合もあるし、ワンは空振りしてツーで顔を打つ場合もあります」
実際に相手と向き合った実戦を想定することで、
ワンツーも様々なバリエーションで打たせることができる。

鈴木によるワンツーの実演。構えからワンでガードを叩いて相手を止め、踏み込んでのツーで顔を打つ。ミットもこれを想定して前後に並べるようにして構えて持つ。

ワンツーの受け方

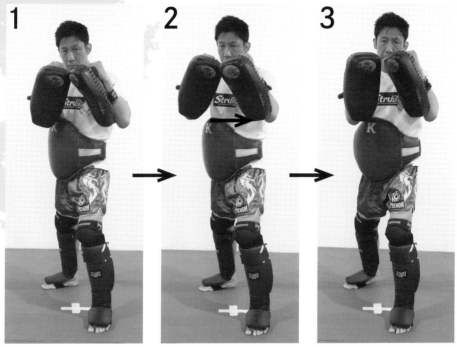

1 実際に戦うように構えたところから

2 左手を小さく動かしてジャブを受け（大きく前に取りにいかない）。

3 右手も同様に小さく動かしてツーのストレートを受ける。

✕

顔の位置が大きくズレることは実戦の場合ではないので、両手を大きく広げて持たないよう気をつける。

通常のワンツー

相手との距離が近い場合は左ストレート、右ストレートの通常のワンツーで相手の顔を狙い打つ。

遠い位置から打つワンツー

手前と奥を打つようにして踏み込んで打つワンツー。ワンは見せパンチ的に放ち、ツーのストレートを奥の顔に突き刺す。キックボクシングでは相手との距離が遠いので、この形のワンツーになる場合も多い。

左フック

コンビネーションの中でリズミカルに打つ場合（写真上）と、
遠い間合いから踏み込んで打つ場合（写真下）とで持ち分ける。
踏み込んで打つ左フックは近い間合いのボクシングではあまりないが、
キックボクシングでは多く使用される攻撃となる。

小さい弧を描くフックを受ける場合。

大きな弧を描き、遠くへ放つフックを受ける場合。

左フックの受け方

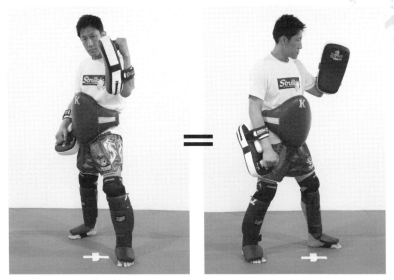

内側（手前）を打つフックをとらえるイメージで、顔の前・近くにミットを立てて構える。

遠い間合いから、あるいは顔の外側をとらえるイメージで、顔の横にミットを添えて受ける。

Point 「内と外というのは大体どのパンチもあるので」と鈴木は言い、これを意識することで1つのパンチでも軌道を変えてバリエーションを生み出すことができる。

23

【左フック受け方の実例①】

構えたところから左フック→右ストレートをコンパクトかつスピーディーに繋ぎ、最後に再び左フックをフォローする。

【左フック受け方の実例②】

遠い間合いから大きく放り投げるように左フックを放ち（捨てパンチのように使う）、右ローキックへ繋げる。

5

右フック

右フックも左フックと同様に、内側（手前）と外側（奥）を意識して持ち分ける。
打ち手は「小さく殴る時」と「大きく殴る時」のように意識する。

手前（内側）を小さく打つフックを受ける場合。

外側（奥）を大きく打つフックを受ける場合。
いわゆるオーバーハンドでのフックとなる。

右フックの受け方

【手前・内側の右フックの受け方】

小さく手前（内側）を打つ右フックは右手を顔の前にしてアゴ周辺を打たせるようにして受ける。

【奥・外側の右フックの受け方】

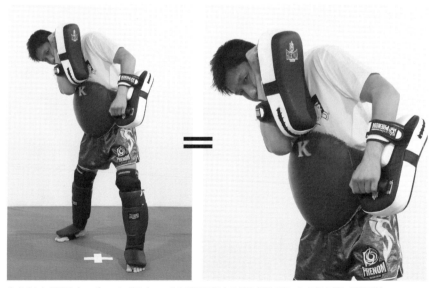

大きく上から殴るオーバーハンドの右フックを受ける場合は顔を傾けてミットを顔の横に添えて持つ。

【右フックの実例】

近距離からスナップを効かせて相手の手前（内側）を打つ。　離れた間合いからオーバーハンドで上から殴る。

【右オーバーハンドを受ける際の注意】

オーバーハンドフックは顔の横にミットを添えて受けるが、パンチの威力が強いと手が顔に当たってしまうので、ミットの位置は変えずに顔だけを逃がして手が顔に当たるのを避ける。

Point

「ミットを引いちゃうとダメなので、顔だけいなくなります」（鈴木）。これは他のパンチやハイキックでも同様で、打たせる場所は変えず自分の顔だけ逃がして、打撃の正確さを養う。

6

アッパー

左アッパーは左手、右アッパーは右手とクロスさせて受けるのが基本となるが、
実際に顔を打つのに近い角度で打たせるため、
左アッパーを右手、右アッパーを左手で受ける場合もある。

左アッパーを左手で

右アッパーを右手で受けるのが基本となるが、

右アッパーを左手で

左アッパーを右手で受ける場合もある。

 Point　「実際に近い角度で打たせるのを考えてます。クロスして受ける（左アッパーを左手、右アッパーを右手）のが基本ですが、状況と立ち位置に応じて両方使います」（鈴木）

【左手でアッパーを受ける際の構え方】

アゴの前方で高さもアゴに合わせてミットを構える（手を前に出して、アゴから離れた位置で受けないよう注意する）。右アッパーを左手で受ける場合は持ち手が微妙に角度を調整する。

【右手でアッパーを受ける際の構え方】

持ち手が角度を合わせることで左アッパーと右アッパー、どちらでも受けることができる。ミットの位置・高さはアゴが基本となり、低くなり過ぎあるいは離れ過ぎたりと、実際と大きく異ならないよう注意する。

7

ボディプロテクターの使い方

直接身体に装着することで、ミットでは作りにくい角度や
打撃感を打ち手に体感させるボディプロテクター。
「飾りになっているトレーナーの方もいますが（笑）、僕は結構バンバンこれを使います」（鈴木）

ボディストレート

左ボディフック

三日月蹴り

バックキック

Point
打ち手の攻撃によりズレてしまいやすいため、ボディプロテクター
はベルトをキツく締めて装着する。「ミットはルーズにしますが、ボ
ディプロテクターはある程度キツい方がズレません。前蹴りを受け
て動いちゃう時もあるので、そうならないようにしています」（鈴木）

【ボディプロテクター使用の実例】

1 右ストレートを受け

2 体を横に開いてボディを開け、相手にボディフックを要求するサインを送る

3 左ボディフック

4 左フックを連係させ

5 右ストレート

6 左足を浮かせつつミットを下げてボディストレートを要求するサインを送り

7 右ボディストレート

【ボディプロテクター使用の実例】

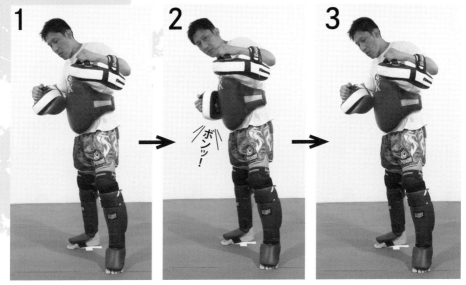

体を右側へ開き、ボディ部分を空ける。初心者には右手のミットでプロテクターを叩き、
左ボディフックを打つことを知らせてもよい。

【右ボディストレートの打ち方】

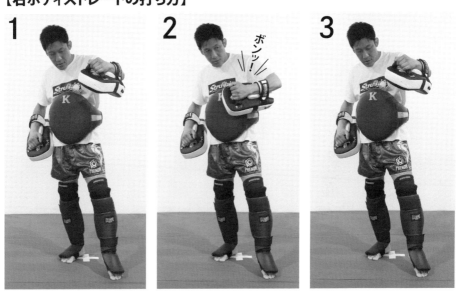

手をどけてボディ周辺を露出し、左ボディフックの時と同じように左手でプロテクターを叩き、
打ち手に右ボディストレートを打つことを知らせる。

【実戦的間合いでのボディストレート】

1 構えたところから

2 ストレートを打ち込み

3 持ち手は手を伸ばし、その後の攻めを妨害する。

4 ならばと打ち手は身を沈めて空いているボディにストレートを打ち込む。

【実戦的位置関係での左ボディフック】

1

2

持ち手が腕を前に出し妨害してくるので、打ち手は体を捩じってその腕をよけつつ左ボディフックを打ち込む。

8

ミドルキック

キックボクシング・ムエタイの基本とも言うべきミドルキック。
パンチの距離よりも離れた間合いで、
ミットを寝かさず立たせた正しい角度で受けるようにする。

オーソドックスからの右ミドル

オーソドックスからスイッチしての左ミドル

【右ミドルの受け方】

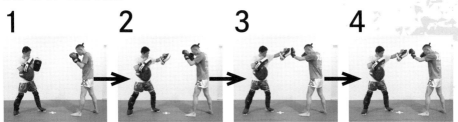

お互いに構えてリズムを取ったところから、持ち手がパンチの圏内に入らないよう手を伸ばし、打ち手もそれに触れるようにして距離を測る。

打ち手は何度か距離を測る動きを行い、感覚を掴めたところでモーションに入りミットを蹴る。

【左ミドルの受け方】

やはり構えてリズムを取りながら、持ち手が伸ばした手を打ち手側も手を伸ばして制するようにする。

スイッチして足を組み替え、左ミドルを蹴り込む。

【ミドルを受ける際の注意点】

右ミドルの受け方を逆のアングルからみたところ。ミットは脇を締めて立てるようにして構え、体に近くして蹴りを受ける（打ち手が実際に相手の腕や体を蹴るのに近い感覚を得られるようにする）。

Point 「ミットを寝かせちゃうと相手の蹴りが下から上げるようになってしまって相手に力が伝わらないので、ミットは寝かさないように。立てた位置でしっかり受ける」（鈴木）

【ミドルの受け方】

ミットは脇を締めて構えて持ち、できるだけ体につけるようにして構える。

このようにミットを寝かせて構えると、相手の蹴りが正しく威力を発揮できないばかりか、次ページで紹介する事故や怪我にも繋がってしまうので注意する。

【ミドルを受ける際の事故例】

前ページのようにミットを寝かして構えると、蹴りが誤ってミットを飛び越してくることがあり非常に危ない。鈴木がまだ高校生だった当時、ジムの先輩がこのようにして蹴りを受け、アゴを骨折してしまったことがあったという。

また、相手の蹴りがナナメ上方向に向かっていたり、受ける力が不十分だと衝撃を受け切れず手の甲が顔に当たってしまうことがあるので注意する（これで口を切る場合もある）。

鈴木秀明のカスタムミット

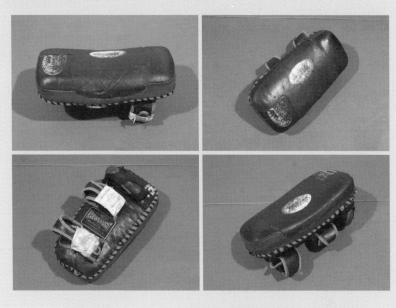

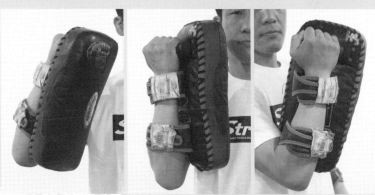

鈴木が愛用するキックミット。長年の使用により表面の皮も破れてしまったため、グローブの皮を、いわば「移植」するかたちでボンドで貼って修繕している。ベルト面は金具部分をテーピングで覆い、また幅を固定することで着脱が容易なようにしている。新品のミットより、このように使い込んだミットの方が、ミットを打つ人と持つ人、それぞれに馴染んでいて使いやすいものとなる。

ハイキック

鈴木流ではハイキックを右・左どちらもそれぞれ片手で受ける。
顔の近くにミットを構え、実際の感覚・位置・距離感などが得られるようにする。
衝撃が大きい技なので持ち手は顔を逃し、ミットが顔に当たらないようにする。

右ハイキックを右手で

左ハイキックを左手でそれぞれ受ける。

【右ハイの受け方】

実際に蹴って当てる位置とミットが近くなるよう、顔の横にミットを構える（顔・体は少し横に傾ける）。手を前に出すと、浅い位置で当たる蹴りになってしまうので注意。

【左ハイの受け方】

右ハイを受けるのと同様、顔と体を少し左に寄せ、顔の横にミットを構える。

✕

✕

顔にミットをピッタリつけて持つと、ミット越しに蹴りの衝撃をモロに受けてしまうので、少し空間を空けて持つ。

【右ハイキック受け方の実例】

顔の横でミットを構えて打ち手に蹴りを出させ、蹴りが迫ってきたところで
ミットの位置はそのままに顔だけ後方へ逃がす。

【左ハイキック受け方の実例】

こちらも顔の横で構えて待ち、蹴りが飛んできたところで顔だけ後方へよける。顔はよけてもミットの位置は変
わっていない点に注目（※通常より大きめによけてもらっている）。

10

ローキック

ローキックはミットを足につけ片手で受ける。持ち手は重心を落とし、
打ち手に太もも部分を蹴らせるようにする。
前足への通常のローキック、打ち下ろし式ロー、
奥足へのロー、前足へのインローといったバリエーションがある。

オーソドックスな右ローキック

奥足への左ローキック

打ち下ろし式の右ローキック

相手の左足への左インロー

【右ローの受け方】

立った状態から左手をねじって
ミットを外側へ向けつつ脚につ
け、腰を落としてローキックを受
ける。

【左アウトロー（左足を相手の奥足の外側にヒットする蹴り）の受け方】

右手を外へ向け開くようにし、や
や身を低くして左ローを受ける。

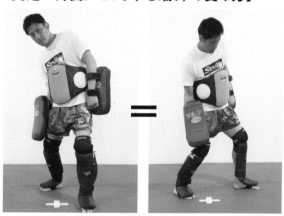

【左インロー（左足を相手の前足の内側にヒットする蹴り）】

左手の甲側を左脚の内側につけ
て構え、膝を折ってやや体を低く
して左インローを受ける。

右ローキック受け方の実例

【オーソドックスな右ローキック】

1   2   3

4   5   6

打ち手の右ローキックに合わせ、やや身を沈めて外側へ向けたミットで受ける。

【打ち下ろし式右ローキック】

1   2

左手のミットを上に向け、打ち下ろされるローを拾うようにして受ける。

3   4

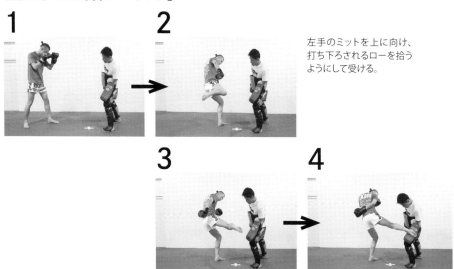

左ローキック受け方の実例

【左アウトロー】

1

2

構えたところから右手の
ミットを自分の右足につけ
ておろし、やや膝を折って
身を沈ませながら左ロー
を受ける。

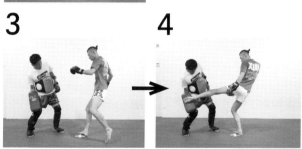

3

4

【左インロー】

1

2

太ももの内側に左手をつ
け、ミットを内側へ向け、当
たる瞬間にやや腰を後方
へ引き受ける。

3

4

11
前蹴り

ミットでも受けることができる前蹴りだが、鈴木は手を下ろさずに
ボディに装着したプロテクターで受ける。

1　**2**

やや離れた位置から歩を進めて打ち手に向かい、お腹に力を込めて前蹴りを受ける。

1　**2**　**3**

手を前に出しながら向かってくる相手に対し、打ち手も手を伸ばして制しながら前蹴りを蹴って止める。

前蹴りが右足の場合も何ら変わらず、左足と同様に受ける。

12

ヒザ蹴り

ヒザはミットでもボディプロテクターでも受けることができるが、
下から上へ蹴り上げるのでなく、突き刺すように出させるよう注意する。

×

ミットでヒザを受ける場合、下から上に行く蹴りとなってしまいがちなため、あまり好まないと鈴木は言う。

○

ヒザは直立した相手のボディを蹴る技なので、
受ける場合は腹部（ボディープロテクター）へ水平に突き刺すように出させる。

【ヒザ蹴りの受け方（ボディプロテクター）】

蹴る足は足首を伸ばし（足首を足の裏側へ曲げる＝足関節底屈）ヒザを鋭角にさせる。ヒザ頭でボディプロテクターをとらえ、受け手のミットは打ち手の太ももを叩くようにし勢いを抑える。

【右ヒザ】

お腹周辺を空けてヒザ蹴りを誘い、相手の太ももを左手で押さえて勢いを抑えつつプロテクターで右ヒザを受ける。

【左ヒザ】

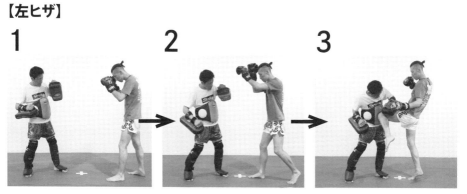

構えからスイッチして放たれる左ヒザを、やはり左手のミットで勢いを殺しつつプロテクターで受ける。

【ヒザ蹴りの受け方（キックミット）】

右ヒザを受ける場合。右手を下、左手を上にして受ける。

左ヒザを受ける場合も同様に右手を下、左手を上にして受ける。受け手はどちらのヒザが来ても対応できるようにする。

【右ヒザ】

構えから受け手は手を重ねてヒザ蹴りを待ち、打ち手が踏み込んで放つ右ヒザを受ける。

【左ヒザ】

構えから受け手はミットを重ねて用意をし、打ち手がスイッチをして放つ左ヒザを受ける。

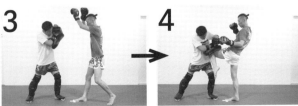

13

ヒジ打ち

ヒジ打ちはパンチのように左ヒジは左ミット、右ヒジは右ミットでクロスして受ける。
横・縦と変化して繰り出すことができる他、受け手がミットで妨害し、
その上から打たせるようにする。

オーソドックスからの右横ヒジ

オーソドックスからの右縦ヒジ

オーソドックスから前手（左手）での横ヒジ

オーソドックスから前手（左手）での縦ヒジ

【右横ヒジ打ちの受け方】

右ミットを顔の横で立てて構え、打ち手の右ヒジをクロスさせるかたちで右ミットで受ける。

【右横ヒジ打ちの実例①】

構えから左手を伸ばして距離を取ってくる持ち手に対し、その左手の上からかぶせるように右ヒジを打ち込む。

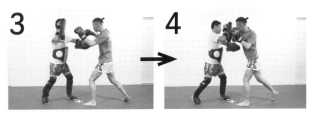

【右横ヒジ打ちの実例②】

手を伸ばしながら前に来る持ち手に対し、打ち手も手を伸ばして前進をストップし、そこから相手の手を下に落とし即座に右ヒジを打ち込む。

【右横ヒジ打ちの実例③】

1　**2**　**3**

持ち手と首相撲に至らんかという手さばきの攻防から、
自分の手を上にすることで相手（持ち手）のヒジ打ちを防ぎ、素早く自分の横ヒジを打ち込む。

【右縦ヒジ打ちの受け方】

右ミットを額の辺りで手をかざすようにして構え、打ち手が体ごと
入ってくるようにして放つ右縦ヒジをクロスして受ける。

【右縦ヒジの実例】

1　**2**　**3**

構えた位置から打ち手が前方に押し出すようにして放つ右縦ヒジを受け手は右ミットで叩くようにして受ける。

【左横ヒジ打ちの受け方】

左ミットを顔の高さで立てて構え、打ち手の左ヒジに対しクロスさせる形で左手で受ける。

【左横ヒジ打ちの実例】

1 → 2 → 3

4 → 5 → 6

構えから打ち手が一歩踏み込みながら放つ小さいモーションの左ヒジを左ミットで叩くようにして受ける。

【左縦ヒジ打ちの受け方】

左ミットを額周辺に手をかざすようにして構え、打ち手が体をぶつけるように入ってきて放つ左縦ヒジを受ける。

【左縦ヒジ打ちの実例】

1

2

3

構えたところから踏み出しつつモーションなく繰り出される左縦ヒジを、受け手がタイミングよくミットを合わせるように受ける。

上の2つのQRコードの映像は、打ち手の動きに合わせて持ち手がミットを動かす要素が多め、左のQRコードの映像は、持ち手側がミットを動かしたり、声で指示したりして、打ち手がそれに合わせる要素が多めの内容となっている。

14

フリーミット

鈴木がジャズの掛け合いやアドリブに例えるフリーミット。
打ち手との距離や間合い、フィーリングといったものを重視しながら
瞬間的な判断・ひらめきに従い進めていく。

【フリーミット実例①】

1 ミット持ちは、ガードの位置にミットを上げて構え、向き合ったところから　**2** 右ストレートを受け
3 続いて右ミドル　**4** 左手を伸ばして距離を取らせ　**5** 前蹴りをボディで受ける

6 再び距離を取らせ　**7** 右ミドル　**8** 受けたらすぐに左ミドルを返し
9 これをさばいた打ち手は右ストレート　**10** 左フック

11 右ストレート　**12** 打ち手はいったん左手を伸ばして持ち手を制し
13 右ヒジを決める

【フリーミット実例②】

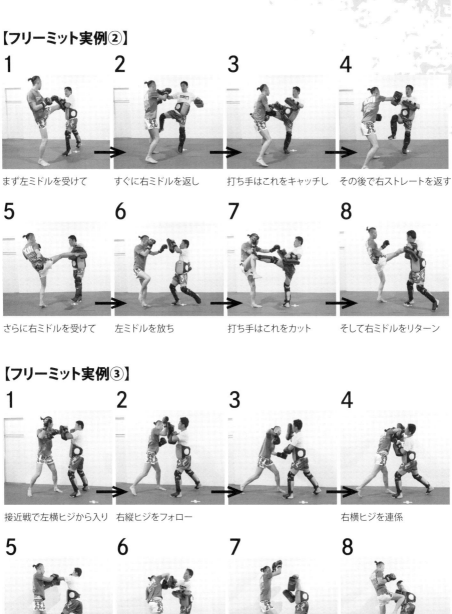

1
まず左ミドルを受けて

2
すぐに右ミドルを返し

3
打ち手はこれをキャッチし

4
その後で右ストレートを返す

5
さらに右ミドルを受けて

6
左ミドルを放ち

7
打ち手はこれをカット

8
そして右ミドルをリターン

【フリーミット実例③】

1
接近戦で左横ヒジから入り

2
右縦ヒジをフォロー

3

4
右横ヒジを連係

5
左手を伸ばして打ち手を
妨害する

6
打ち手はその手を
落として右横ヒジ打ち

7
打ち手は体を戻して
飛び上がり

8
ボディへのヒザを決める

【リズムとタイミングとパターンのミット例①】

\Let's Check!/

映像は、持ち手側がミットを動かしたり、声で指示したりして、打ち手がそれに合わせる要素が多めの内容となっている。

Point

パンチングミットよりは大きく、キックミットよりは小さいミットを使った実践例。「体に近いところで受けやすいから、相手との駆け引きがしやすいし、リズムミット的なものがこのミットだとやりやすいです」(鈴木)

1 手の甲を相手に向けて前蹴りを受ける

2 続いて右ストレート

3 左手を外に向けて右ローを受け

4 上に上がって左ジャブ

5 右手を外に向けて左ローを受ける

【リズムとタイミングとパターンのミット例②】

1 右ストレートを受け

2 右ローキック

3 右ミドルを返し

4 再び右ストレートを受け

5 左フック

6 右ストレートと繋げ

7 左フックを返してブロックさせ

8 右ストレート

9 左フック

10 右ストレートと3連打させる

【リズムとタイミングとパターンのミット例③】

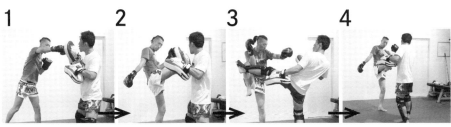

1 右ストレートを受け

2 続いて右ミドル

3 左ミドルを返して
ブロックさせ

4 右ミドルをリターンさせる

【リズムとタイミングとパターンのミット例④】

\Let's Check!/

左のQRコードの映像では、打ち手は軽めにミットを打っている。ただし、パンチングミットでも、持ち手がうまくタイミングを合わせれば、強い蹴りを受けられないわけではない。右のQRコードの映像では、強い蹴りを受けている。

Point

パンチングミットを使っての実践例。「ミットが小さいと速く動かせるし流れは作りやすいです。パンチングミットでも合わせれば蹴りを受けても大丈夫です」(鈴木)

1 お腹の上で相手に右手甲を向け前蹴りを受ける

2 続いて右ストレート（写真は受けた直後）

3 そして右ローキック

4 右ストレート

5 右ミドルと連係させる

【リズムとタイミングとパターンのミット例⑤】

1 **2** **3** **4**

右横ヒジを受け　　　　　　　　　続いて右縦ヒジを受け

5 **6** **7**

再び右横ヒジ　　　手を前に出して打ち手を妨害し　打ち手はそれをさばいて右横ヒジを決める

【リズムとタイミングとパターンのミット例⑥】

1 **2** **3**

右ストレートを受け　　　右ミドル　　　　　左フック

4 **5** **6**

右ミドルを放って打ち手はそれを受　右ストレート　　　右ミドルを蹴り込む
け流し

【リズムとタイミングとパターンのミット例⑦】

右手にパンチミット、左手にキックミットを装着しての実践例。
ローキックを思い切り蹴らせるため左手はキックミット、
右手はストレートを的確に打たせるためパンチミットとしている。

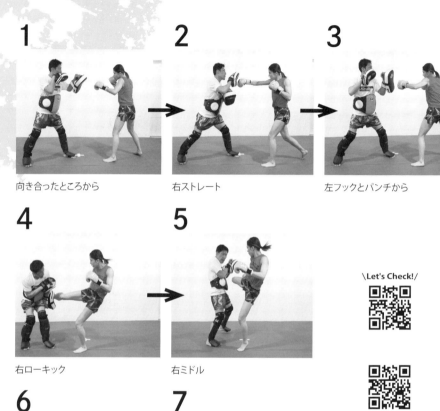

1
向き合ったところから

2
右ストレート

3
左フックとパンチから

4
右ローキック

5
右ミドル

6
右前蹴りで持ち手と距離を保ち

7
左ミドル

\Let's Check!/

下のQRコードの映像では、最後にミドルキックの連打を行っている。スタミナ（≒心肺機能≒全身持久力）強化の目的でよく行わるメニューだが、速く連打する・数多く蹴るために腰を入れない軽い蹴りにしてしまっては意義が薄れてしまう。1発ずつしっかり腰を返して蹴ることを前提に、連打をすること。

【リズムとタイミングとパターンのミット例⑧】

1 受け手が前に伸ばした手に対し

2 打ち手はその手を引き落とし右ストレート

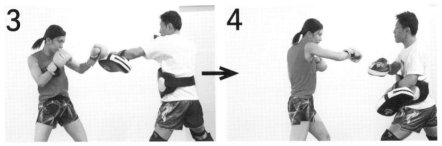

3 再び受け手は手を伸ばして打ち手を制する

4 打ち手は再度その手を落として右ストレート

5 右ローキックを連係し

6 左フック

7 右ストレートと繋ぎ

8 再び右ローを蹴り込む

【リズムとタイミングとパターンのミット例⑨】

向き合ったところから　　　右ストレート　　　　　左フックと素早く回転させ　　　右ローに繋げる

【リズムとタイミングとパターンのミット例⑩】

まずボディへの左前蹴りから　　　　　　　　顔の横に構えたミットに顔面への右前蹴りを突き刺す

持ち手はミットを顔にぶつけないよう、ミットは動かさず
頭だけ後方に反らして逃す

ミットを胸に当てて手の甲を相手に向け、胸への前
蹴りを受けてもよい

2

ムエタイ世界王者トレーナー

若林直人
先生の場合

理論編_P66

実技編_P72

若林直人×桜井洋平
「ミットは"戦うように"持つべし!」

キック日本一を決する「真王杯」を圧勝で制し、
ムエタイ世界王座も獲得した桜井洋平。
スパーをせずミットを中心に行った練習は
"ミット(持ち)の達人"と呼ばれた若林直人が支えていた。
2人がミットを通じ作り上げたのは何であったのか。そのミット論に耳を傾ける。

若林直人

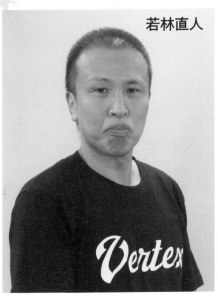

桜井洋平

Profile

1974年9月18日、茨城県出身。1999年6月4日に
デビューし、サウスポーからの左ストレート、左ロー
を武器に活躍(最高位NJKFバンタム級6位)。2006
年10月15日に現役引退後VERTEXジムを設立し後
進の育成に努める。スパーをせずミット打ちを中心に
練習を行った桜井洋平のトレーナーを務め"ミットの
達人"の異名を取る。VERTEX代表。NJKF副理事長。

Profile

1977年3月14日、茨城県出身。1997年7月21日
にデビューし、NJKFバンタム級、NKBフェザー級&
ライト級、NJKFライト級、、WFCAムエタイ世界ライ
ト級と次々に王座を獲得。2006年には60kg級オープ
ントーナメント「真王杯」も全1R KOで制した。2010
年8月1日、引退。現役時代はスパーを行わずミット
打ちを中心に練習を組み立てた。Bombo-Freely代表。

ともに岩瀬ジムに所属し苦楽を共にした若林と桜井。若林自身
はサウスポーのバンタム級ファイターとして左からの攻撃を武
器にNJKFランキングで6位となった。

ボクシングジムでトレーナーを経験

——お二人は現役時代NJKF・岩瀬ジムに所属し練習をともにされていました。当時もお互いにミットを持ったりしていたのですか?

若林 いえ、お互い選手だったので当時は持ったりしていなかったと思います。でも、俺は意外と他の選手のミットも持っていたんだよね。

桜井 ミットを持つのは基本トレーナーですけど、選手同士も持ち合うことがありました。

若林 そういえば他に持ってくれる人がいないから、俺も持ってもらっていました(笑)。

——その当時、キャリアの初期はどんな風にミットを持っていたのですか?

若林 今とさほど変わらないと思います。

桜井 そうですね、コンビネーションで打っていた感じだと思います。

——桜井会長はキャリアの初期からタイへ渡り練習を積んでいましたよね。

桜井 23で最初のチャンピオンになって、その翌年ですかね。タイに行ってジムでの練習を見て、そのモノマネじゃないですけど、向こうでの影響は大きいです。

——ミット持ちも現地で見てきた影響が大きいのではないでしょうか。

桜井 若林会長はボクシングジムでトレーナーをしていた時期もあって、そのことも大きいですよね。

若林 今回、公開する内容もパンチに比重、重きを置いています。結局岩瀬ジム時代は、桜井会長以外のほとんどの選手のミット持ちを俺がしていたんです。そもそも岩瀬ジムの会長の代わりに会長会議に会長代行で行くようなこともよくあったんです。

——では会長やトレーナー的な役割をすでに当時から務めていたと。

若林 そうですね。そうなると選手の面倒も見なくちゃいけなくなってくるので。

桜井 岩瀬の会長は元々ボクシングをやっていたボクサーで、キックボクシングはそこまで長くなかったんです。だからパンチは上手いんですけど、キックは単発だったり、あんまりコンビネーションはなくて、ボクシング的な要素が強かったんです。そこから若林会長がミットを持ち始めて、キックのコンビネーションだったりそっちの方へ持っていったところはあったと思います。

若林 ミット持ちのベースはやっぱり岩瀬ジム時代に培ったものです。パンチの持ち方なんかはすごく参

考にしています。ただ全部が全部ではないです。やっぱり全部ボクシングの打ち方を教えても、おかしくなっちゃうだけなので。

——ボクシング的な持ち方は岩瀬ジムの会長を参考にしたとして、キックボクシング的な持ち方はどのように身につけたのですか？

若林 なんか自然と。本当に自然とです。

——若林会長はトレーナーをしていたボクシングジムでの経験もミットに活かしているのではないですか。

若林 それもきっと活かされたんでしょうね。岩瀬ジムの会長に紹介されて、宇都宮のジムで3年ぐらいやっていました。最初は見習いみたいに始めて、最終的にはそこの会長から『このジムの後を継いでくれないか』なんて言われましたから（笑）。

——では、VERTEXでなくそちらの会長をしている可能性もあったのでしょうか。

若林 でも、その頃はもう自分でジムをやっていたので（笑）。

実戦に近い距離感・インパクトで持つ

——ボクシングジムでのトレーナー経験を経て、ミットの持ち方は変わっていったのでしょうか。

若林 普段の日常生活の中でやってるからそういうのが分からないんですよね。これも自然と変わっていったんだと思います。

桜井 真王杯（※キックボクシング日本一を決るべく、団体を問わず55kgと60kgで2006年に開催されたオープントーナメント。桜井は3試合の合計が172秒という圧倒的強さで60kg級を制した）の頃になると、若林会長主導ではなく、僕にどういう動きをやりたいか聞いてくれていました。「これの後には何が出しやすい？」「こっちの方が出しやすいです。こう動きたいです」っていうやり取りをして、僕主導で動きやすいようやってくれていたので、こっちも動きやすいし、より自分のコンビネーションがスムーズに行くようになりました。ギクシャクしたりとか、動きの歪みとかがなくなってスムーズに動けるようになって、コンビネーションもスムーズに出せるようになって、それが身に付いて試合でも出せるようになりました。

——ミットも洗練され、より実戦の動きに近くなっていったということでしょうか。トレーナーの型にハメるのではなく、選手の意向・感覚を取り入れ作り上げていったと。

桜井 そうですね。選手主導で、選手が出しやすいよう引き出してくれたというか。

若林 桜井会長は"使える・使えない"っていう判断を自分の中でしてくれていたんです。ダメなものは上手く消化して、それでいいものがどんどん残っていったと思います。

桜井 あと若林会長は自分の体に近いところで受けてくれるんです。遠いところで受けたり打撃を迎えに行かないで、本当に自分の体の近くでパンチでも何でも受けてくれるので、こっちも実戦の感覚を掴みやすいし、"ここで相手を打つ"っていうピンポイントのいいところで受けてくれるから誤差がなくなるんです。それが試合でも活きるし、選手のタイミングでミットを持ってくれるから、打っていてこっちも乗ってきます。

ミット打ちは距離やインパクトだけでなく、心構えも試合と同じようにして行うべしと若林はいう。写真の若林の表情からもそのことがうかがえる。

——ミットの位置やタイミングが実戦の時と近い感じだったのですね。

桜井 相手と対峙した時に近い感じでした。もちろん体に負担はあったと思うんですけど、相手と対峙した時のインパクトで受けてくれるので、試合と同じような感覚でミットが打てました。そのインパクトがズレていたら、試合の時も狂っちゃうじゃないですか。

——持ち手がすごく前で受けてしまったり、実際と大きく異なる形でのミット打ちも見受けられます。では、ミット打ちの度に実戦経験を積み、実戦感覚を磨いていたと言うことができそうですね。

桜井 当てに行っている場所より前で受けられるとインパクトが違っちゃうんですけど、若林会長は相手と対峙した時のインパクトで持ってくれていました。だから試合のイメージもしやすかったです。

若林 俺はこれで肘がおかしくなっちゃったからね（苦笑）。

——より実戦に近づけようとすると、持ち手にも負担が大きくなるのですね。体の近くで受けたり試合に近いインパクトで受けるようにするのは意識していたのですか？

若林 これも自然に身についた部分があるんですが、"こうやった方がいいな"って自分の中で考えたり、試合でちゃんと倒せるパンチってどこだっていうのは意識しながら持っていたので、こうなった感じです。

——なるほど、そこは経験と観察に基づいているのですね。

若林 例えば、あまり前で受けて、そこに強いパンチを打てても倒せないししょうがないんです。それをやってもただ打ってるだけになってしまう。

桜井 あまり手やミットを前に出してそこを打たせると、腰が返ってなくても当たるから攻撃が手打ちになってしまいます。

若林 それでも打った方は意外と打った気になってしまうんです。だから、やっぱり一番インパクトが出るところで受けようとは思っています。

——そうすると桜井会長が言われたように、試合の時に距離感やインパクトであまり違和感が出てこないのですね。

若林 そういうインパクトの部分ではスパーリングよりミットの方が絶対優れていると思ってました。試合とマスやスパーリングの動きって、みんな意外と違うなって思ったんです。足に防具もついてるからそれだったら平気で受けれるし、グローブもデカいから何cmかズレが出るし。だから試合でグローブが小さくて防具なしになったら動きが全然違うなっちゃうんです。

この写真の右腕の位置が「インパクトの出るところ」。腕を前方に伸ばさず、顔のそばに置いている

桜井 ミット打ちの時は腰が返ってるのに試合では腰が返ってないっていう選手を多く見るんですけど、僕の場合はスパーリングをやらなかった分ミットだけだったので、ミットと同じような感じで打ったり蹴ったりすることができました。

若林 スパーリングは強くても試合だと弱いっていう人はそういうところだと思います。

——では桜井会長の場合も手を前に出してミットを持つような人がトレーナーだったら……

桜井　たぶん僕も違いましたよね。

若林　持ち手が前に出して追っかけちゃうと、腰が返らないですから。これはパンチも同じです。

——では、持ち手は試合と同じインパクトを作れるように持つと。

若林　だから受け手がちゃんと持ってあげないと、打ち手がただ強く打つだけで満足しちゃう、勘違いしてしまう人もいると思います。

——しっかり腰が返ってなくても、強く打って大きな音が出れば満足してしまうというか。

若林　それで力がある人に限って伸ばしたところより、最初はその近いところで力を出せたりするんです（笑）。でも5cm、10cm、何cmとか、そういう距離ってやっぱり大事です。

——ミット打ちを見ていて、すごく近い距離で行っている場合も多いですね。

若林　でも、そうするとボクシングですよね。

——距離の違いがボクシングとキックボクシングを分けているのですね。ただ強く打とうとするなら、近距離の方が力も入りますし、理解できる話ではあります。

若林　フィットネスだったらそれでいいのかもしれません。気持ちよく打ててればいいというのであれば、フォームもそんなに気にしなくていいでしょうし。

持ち手も向上できるミットトレーニング

——でも、競技として行い、闘うための練習としてミットトレーニングを行うのであれば話は違ってくると。

若林　そこは全然別物になってきますよね。ただ、フィットネスでやるにしても今は裾野が広がってきてますし、フィットネスでもある程度綺麗にできるようになった方がいいと思います。

桜井　やっぱり綺麗に美しく、カッコよくできた方がいいですよね。

若林　キックの経験がない人が教えてるところも意外と多いので、それだったら同じフィットネスでも“ここだとこれだけ動けるようになるんだ”って思ってもらえるようには考えています。

——インパクトと並び大事な部分である距離に関してはどんなことを気をつけているのでしょうか。

若林　体格って人それぞれで違いがあるので、やっぱり距離も人それぞれで違います。意外と自分では分からないので、受け手が距離を把握してあげることが必要だと思います。ボクシングの場合は手だけの分、よりそういった部分が繊細になるので、トレーナーに掛かってくる部分が大きいんじゃないかと思います。

——キックボクシングでは武器が増える分、距離の設定も多くなるのでしょうか。

若林　手と足の距離があって、足があるところでしっかりしたパンチが打てる距離があって、やっぱりキックボクシングだとどうしても首相撲を考えちゃいますし、それは競技によってもまた違うでしょうね。

桜井　でも一番はやっぱり腰が返る距離じゃないですか。パンチにしても蹴りにしても、腰を返して回した距離。やっぱり手打ちや足蹴りにならないようしっかり腰を回せばパンチも全然伸びてくるし、特にエクササイズって言うなら腰を回さなかったら腰周りに刺激が入らないですからね。

——では、ミット打ちの中でパンチでも蹴りでもしっかり腰を回して威力を出せる距離を掴んでいくということが大事であると。

若林　そうですね。コマが回るのは真ん中に軸があるからなので、しっかり軸が作れるところを掴んでいく。距離が遠すぎると軸がブレて、前に体重が掛かっちゃったりしますし。

——では、ミット打ちというのは自分の距離やインパクトを作っていく作業ということ？

若林　そうですね。持ち手もたくさん持てば身に付いてくると思いますけど、やっぱりそれを意識して持った方がいいと思います。

——ムエタイでタイ人のトレーナーは手をだいぶ前にして叩くように受けたり、パンチに関しては結構雑な

場合も見られます。

桜井 蹴りはしっかり体に近いところで受けるんですけど、パンチはそこまで比重を置いていないので、そうやって前で叩くようにして受ける人もいます。

若林 やっぱりあれだけ蹴れれば、パンチは多少力さえあればっていう風になるんだと思います。

桜井 ムエタイの場合はパンチに対して蹴りを合わせられるから、そこはまたいいのかもしれないですね。

——ですが、現在は首相撲を禁じてパンチの比重が大きいルールも多いですし、そうするとそういった持ち方は適さないですよね。

若林 首相撲なしのルールだとそれではちょっと厳しいし、ルールによって適したミット打ちはまた違ってくると思います。総合もまた違いますし。

——組みの部分を除いても、グローブが異なることでだいぶ技術体系が異なります。

若林 オープンフィンガーグローブだと、ブロックによるディフェンスが出来ないので、かなり違ってきます。

——桜井会長もジムを持ちミットを持つ立場となられていかがでしょうか。

桜井 ジムの営業時間はずっとミットを持っています（笑）。……なんですけどやっぱりミットで肩を壊して、最近はあまり持てなくなってます。

若林 桜井会長はコンビネーションも意味のあるコンビネーションでやってくれて上手です。人によっては見てると"何でそのコンビネーションをやるんだ？"っていう場合もありますから（笑）。

桜井 ミットも実戦で使えるコンビネーションはまた違うので、そこは分けてやってます。たとえばワンツーフックから右ミドルっていう基本的なコンビネーションで、現実に対峙して使うとなると、ワンツーフック右ミドルって一気に行きたいんですけど、ワンツーフックを打たせた後、一気に行かず左ミドルの方が実際は当たりやすいっていうことがあるんです。だからそういうところで選手の時と一般の人のミットを持つ時とではコンビネーションを変えたりしています。

——なるほど、一般の人でしたらワンツーフック右ミドルでそのまま流れに乗って思い切り打った方が気持ちがいいし、いい訳ですね。

桜井 しっかり腰を返してエクササイズではそれでいいんですけど、実際試合に出るってなったら、本当はこう行きたいけどこっちの方が当たりやすいなとかは考えたりします。

若林 あとミットを持つことで、いろんなパンチを見るから防御能力が上がる面もあるんです。だから持つことで肉体的な負担はあるんですけど、受け手にも利益っていうか上達に繋がると思います。だからミットトレーニングはしっかりやれば、持ち手も打ち手もレベルが上がるんじゃないですかね。

桜井 うちはアマチュアの選手でも、試合前とか必ずお互いにミットを持たせるんです。もうバンバンやらせて、蹴って蹴って蹴って蹴ってってやると、その蹴ったタイミングですぐ返せるようになるんです。ダン、ダンで返すんじゃなく、もうダンの時には相手に意識が行ってるっていう風になるとタイミングが早くなります。受けて、ではなく、受けた時にはもう前に回転させろと。受けてからだと遅くなっちゃうので、それはやらせるようにしています。だからミットトレーニングのメリットはデカいと思います。

——ミット打ちは打ち手だけの練習ではないということですね。

桜井 日本はタイみたいにコンスタントに試合があるっていう環境じゃなくてどうしても実戦から離れる期間が長いので、自分でそういう実戦に近い動きを身につけなければなりません。だからこういうミットのような練習は絶対に必要ですよね。

——距離、インパクト、返しのタイミングでしたり、いろんな要素がミットトレーニングには詰まっていてそれを磨けるのですね。

若林 そうなんです。本当にミットは試合だと思って打ってもらった方がいいし、持つ方も"ミットは戦うように持つべし！"です。なので、この本を通して、そのことをちょっとでも伝えられればと思います。

1

立ち方と構え

実際に戦う場合と同様、ミットを持つ場合も「立ち方」と「構え」が基本となる。
持ち手も戦う時と同じ気持ち、フォームでミットを構える。

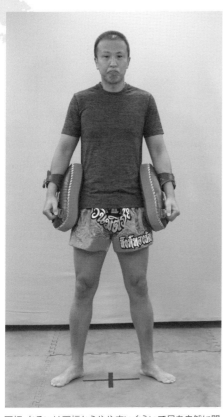

肩幅、あるいは肩幅からやや広いぐらいで足を自然に開く。しっかり足下に重心を掛ける。

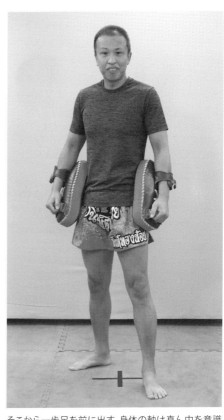

そこから一歩足を前に出す。身体の軸は真ん中を意識する。この状態がベースの立ち方となる。

持ち手側も
"戦う気持ち"で!

持ち手は"ミットを持つ"ではなく、"戦う"意識でファイティングポーズを作るようにして構える。持ち手がこの意識で構えることにより、打ち手も"距離を作ろう""ちゃんと戦う姿勢を作ろう"という気持ちで対峙する。

目の高さぐらいまでミットを持ってくる。グローブがミットに替わったイメージで、この状態がベースの構えとなる。

×

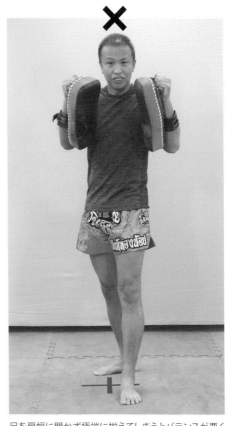

足を肩幅に開かず極端に揃えてしまうとバランスが悪くなってしまうので注意する。

2

パンチの受け方の基本（キックミット）

実際に打った時の感じに近くなるよう、顔の近くで構えて受ける。
ミットは構えた位置であまり動かさず、
当てに行ったり、引き過ぎたりしないよう注意する。

目の高さでミットを構え

パンチをボールにたとえるなら、向かってきたパンチを

構えた位置で掴むイメージ（写真ではミットのグリップから手を離して握り込んだ様子を表現しているが、実際はグリップを握る）で受ける。

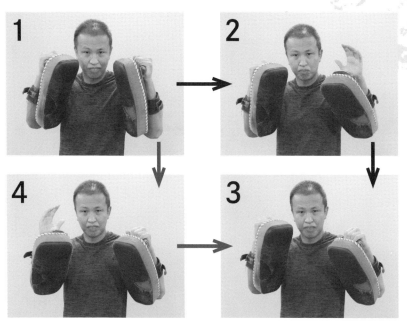

1→2→3 ジャブ（左ストレート）を受ける動き。打たれたパンチを追いかけず、その場で左ミットで掴む。

1→4→3 右ストレートを受ける動き。ミットはほとんど前後させず、その場で右ミットで受ける。

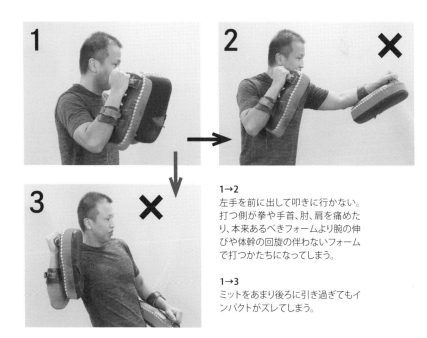

1→2
左手を前に出して叩きに行かない。打つ側が拳や手首、肘、肩を痛めたり、本来あるべきフォームより腕の伸びや体幹の回旋の伴わないフォームで打つかたちになってしまう。

1→3
ミットをあまり後ろに引き過ぎてもインパクトがズレてしまう。

3

パンチの受け方の基本（パンチミット）

ミットがパンチミットに変わっても、基本は一緒。
実際に戦う時のフォームで構え、打ち手と"戦う気持ち"で対峙する。

肩幅、あるいは肩幅よりやや広いぐらいで足を開いて立つ。重心は足の中央に置く。

そこから左足を一歩足を前に。身体の軸は中心を意識する。膝はピンと張らず楽にする。

目の高さにミットを構え、後ろ足（右足）のかかとはやや浮かす。

ミットは真ん中、中央部を狙って打つ。
端の方を打たないよう注意。

持ち手はしっかり脇を締めて構えること。脇を締めて構えないと力が入らないためパンチに肘を持っていかれ痛めやすく、パンチの軌道も現実は顎など顔の中心の1点を狙うのに対し、現実離れした外側を狙ったものになってしまう。

パンチは"来たものを掴む"イメージで、持ち手は自分から取りに行かない(写真は左ミットを前に出してしまっている)。

ミットは構えた位置からあまり動かさず、来たものに対し小さく掴むようにして受ける。1→2(5→6)はジャブ(左ストレート)を、3→4(7→8)は右ストレートを受けたところだが、ミットの位置はほとんど変わっていない。

4

蹴りの受け方の基本

蹴りもパンチと同じように、体の近くで受けるようにする。
蹴りを叩くのではなく、しっかり迎え入れ、掴むようなイメージで受ける。
そうすることで打ち手がインパクトの正しい距離と角度を身につけることができる。

目の高さから脇の位置に下ろして
きてミットを構える。

構えた位置から手を前に出して蹴りを
受けに行かない（インパクトの位置が
ズレてしまう）。

手と体を引いてミットの位置が奥
になってもインパクトの位置がズ
レてしまうので注意。

人の体は脇を締めると力が入るので、ミットで受ける時も脇を締めて受ける。
脇が開いていると力が入らず、弾かれてしまうこともあるので注意する。脇を締め、力を入れて受ける。

〔横からみたところ〕

脇を締めて構えると、ミットは下側が開かれ「ハ」の字形になる。この形にすることで身体に近い位置で受けることができる。

ハの字に構えても、ミットを前に出して受けたり、体を仰け反らせ奥で受けないよう注意する。

ハの字形にせず、ミットの側面をつけて構えるとミットが前に出てしまい、体に近いところで受けることができなくなるので気をつける。

【横からみたところ】 ＝ 【正面からみたところ】

5

キックミット装着法

ベルトやマジックテープをキツくして装着しがちなキックミットだが、
手首の微妙な返しが制限され、角度を変えづらくなる。
そのため腕に少し余裕を持たせて装着するのがよい。

上部のグリップに指を入れて持つと、指を痛めてしまうことがあるので、
指は外に出しグリップに乗せて持つ（ワシ手、サムレスグリップ）。

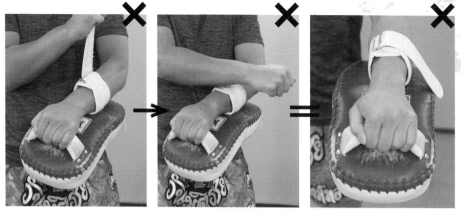

前腕部分はギューッと緩みのないよう締めてしまいがちだが、
こうするとミットの細かな操作・角度の調整がしづらい。

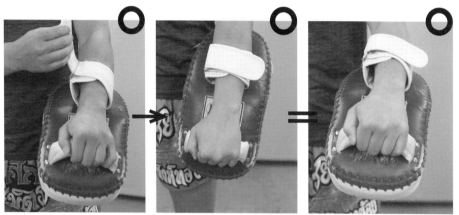

少し緩みをもたせ、空間ができるぐらいにして装着する。

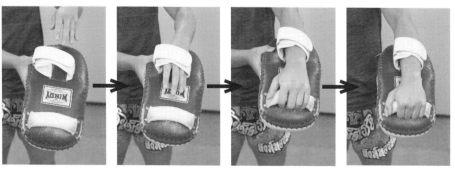

あらかじめ輪を作っておき、手を差し込んで装着してもよい。それぐらいの緩み、空間の余裕があるのが目安となる。

\Let's Check!/

ジャブ

ワンツー

ジャブ・ストレート

脇を締めて力の入るフォームで構え、顔の近くで打たせる。
"来たものを掴む"イメージでジャブ・ストレートを受ける。
あらゆるパンチを受ける際の基本要素が詰まっている。

ミットは目の高さで顔の位置に近づけて構える。
あまり顔から離れて構えると脇が開いて力が入らず、パンチも外側へ向いた軌道となってしまう。

Point ミットはあまり動かさず、基本的に構えた位置で受ける。
手を前に出して、相手のパンチを取りにいってしまわない。

1
両者離れた位置から

2
打ち手がパンチの届く間合いに入ったら

3
持ち手がミットを上げて的確な距離に入ったことを知らせる

4
すかさずジャブ

5
ストレートと打ち込み

6
元の位置に戻る

7

左フック

左フックも顔の近くで構えて受けるようにする。
顔からミットを離して構えると脇が開いて力が入らず、
パンチの力で肘を痛めやすいので注意。

脇を締めてミットは目の高さに上げる。腕は伸ばさず、グローブをして戦う時のように構える。

×

手を伸ばし、ミットを顔から遠い
位置で構えないよう気をつける。
軌道の小さいフックになってしま
い、持ち手も肘を痛めやすい。

パンチ力が強い選手の場合は、腕だけで受けるのではなく、
脇を締めて体を一緒に後方へ逃がすようにして受けると肘へのダメージが少ない。

腕を伸ばし脇が開いた状態で受けると、肘が関節技でいうアメリカーナ（V1アームロック、腕絡み）を掛けられた状態に近くなりダメージを受けやすい。

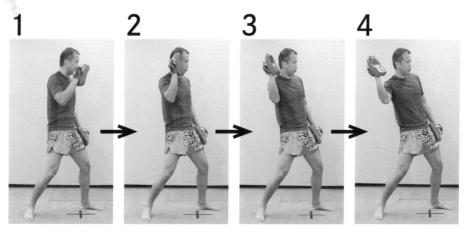

ストレートの時も同様に脇を締め、肘だけでなく体も一緒に後方へ逃がすようにするとダメージが少ない。

お互いに構えた場所から

まず踏み込んでの右ストレートを受け

続いて腰を回した左フックを受け

元のポジションに戻る

若林流ミットに右フックがないのは…

現役時代、恵まれたリーチから放たれる右ストレートでKOを奪った桜井。
その右ストレートを養成したカギは、
右フックのミット打ちをしないことにあったという。

若林式ミット打ちでは右フックを打たせない。何故か？

若林　意外と右フックって練習しなくても試合で打てちゃうんです。普段からミットで右フックを練習しちゃうとマスとかそういう時でも使い始めてしまうから、右フックは打たない方がストレートは向上するんです。

桜井　ストレートが流れちゃうんですよね。

若林　ストレートがちゃんと打てれば右フックは打てるんです。でも、逆に練習で右フックをさせると、右フックの方が打ちやすいからストレートが下手になっていってしまいます。結局右フックは素人でも打てて、喧嘩でも使えてしまうんです。

\Let's Check!/

QR映像では、右ス
トレートから返し
の左アッパーを受
ける手順を紹介。

8

左アッパー

下からアゴをとらえるパンチなので、
ミットもアゴの高さに構え、顔に近い位置で受ける。
低くなったり高くなり過ぎないように注意する。

左手をアゴの高さで顔の前方に出して構える。

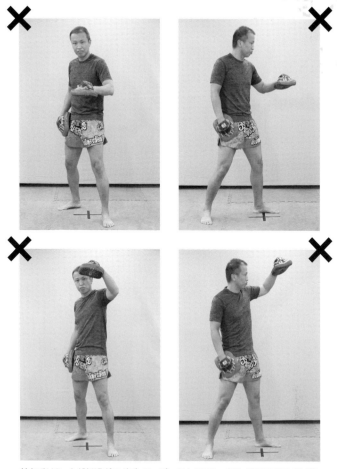

持ち手はミットが低過ぎてボディアッパーのようになったり、逆に高くなり過ぎないよう気をつける。どちらも適切な場所でインパクトを得られなくなってしまう。

1 やや近く構えたところから

2 まず右ストレートを打たせ

3 腰を返して左アッパーを打たせる

9

左ボディ

レバー（肝臓）周辺を狙って打つパンチ。
右手を返して手の平を外側へ向け、右わき腹にミットをつけて受ける。

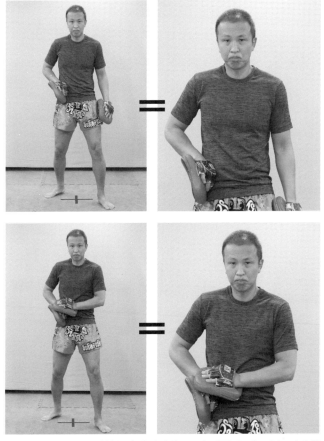

右手首を捻ってミットを外側へ向け、わき腹につけて構える。パンチ力のある選手、腰を入れて強く打ってくる選手には左手を添えてカバーする。

〔横からみたところ〕
正確な打撃部位と距離を覚えさせるためミットを体につけて受ける。

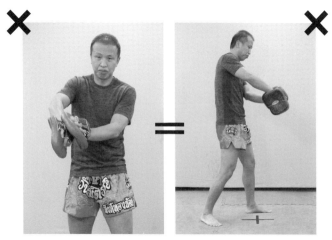

体から離れた位置で構えて受けないよう注意する。

1

右わき腹にミットを構えて持ち

2

構えた位置から動かさずに待ち

3

添えた左手でカバーして受ける

\Let's Check!/

10

右アッパー

左アッパー同様に、ミットをアゴの高さに構え、実際に打つ場合と同じ感覚で打てるように受ける。ミットを高くし過ぎたり、低くし過ぎないよう気をつける。

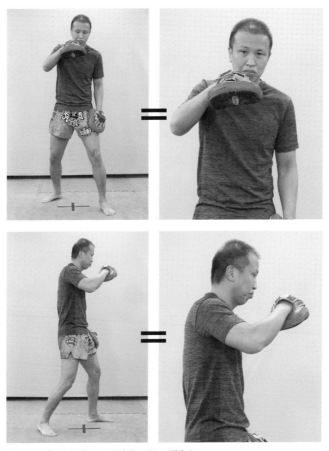

右手をアゴの高さ、顔のやや前方に出して構える。

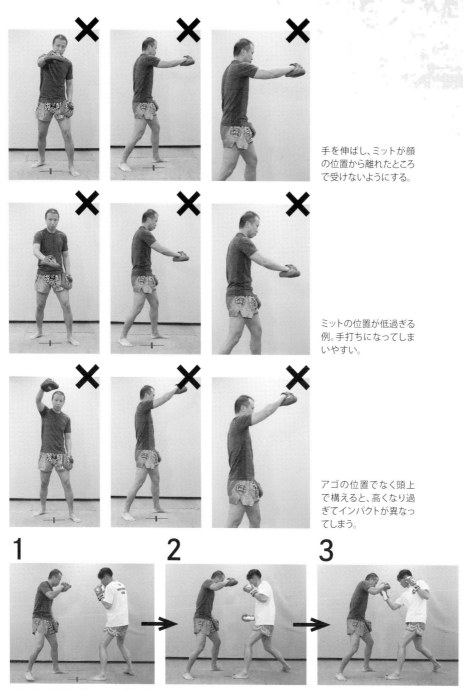

手を伸ばし、ミットが顔の位置から離れたところで受けないようにする。

ミットの位置が低過ぎる例。手打ちになってしまいやすい。

アゴの位置でなく頭上で構えると、高くなり過ぎてインパクトが異なってしまう。

1
やや近い位置で構えて立ち（短い距離でのパンチのため）

2
アゴ・顔の位置でミットを構えて待ち

3
ミットを上下させず、構えた位置で受ける

11

ボディストレート

鳩尾から腹筋をめがけて打ち込むパンチ。
肘を曲げることで脇も閉まり、力の入る状態で受けられる。

肘を曲げ右わき腹に着けるようにして構える。高さは鳩尾から腹筋周辺になるよう調整する。

肘を伸ばし脇から離して構えると、腕を痛めやすいので注意する。

1

離れた位置に立ち、脇と肘を締めミットはボディの高さに構える

2

ミットの高さを変えずにストレートを受け

3

腕だけでなく体を後方へ動かすようにして衝撃を受け流す

12

左ミドル

蹴りを受ける際の基本となるミドルキック。
パンチを受ける時と同様、腕を体に近い位置に置いて受けることで
打ち手が実戦に近い角度・距離・インパクトを身につけることができる。

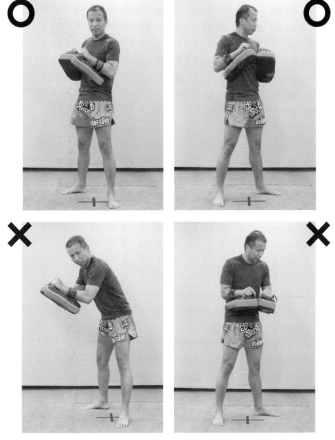

ミットを下向きに構えると、腰が入らず下から足だけ蹴り上げるような蹴りに
なってしまうので気をつける。

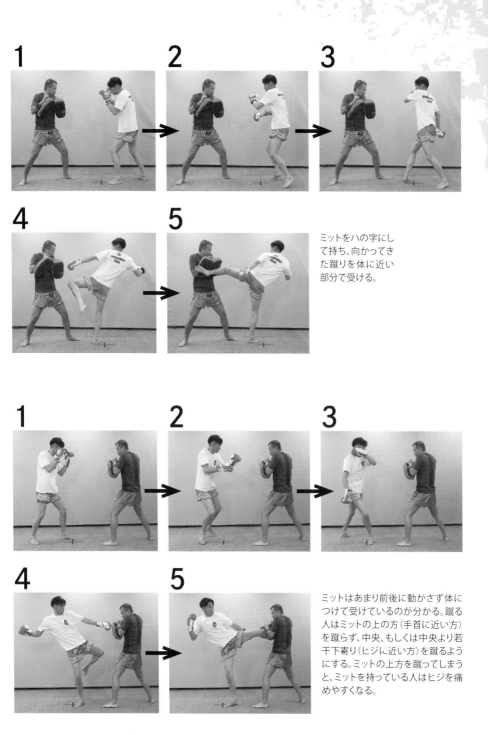

1 **2** **3**

4 **5**

ミットをハの字にして持ち、向かってきた蹴りを体に近い部分で受ける。

1 **2** **3**

4 **5**

ミットはあまり前後に動かさず体につけて受けているのが分かる。蹴る人はミットの上の方（手首に近い方）を蹴らず、中央、もしくは中央より若干下寄り（ヒジに近い方）を蹴るようにする。ミットの上方を蹴ってしまうと、ミットを持っている人はヒジを痛めやすくなる。

\Let's Check!/

下のQRの動画では、99ページ上段で紹介している膝が内側に入らないミドル（悪いフォーム）を3回、膝が内側に入るミドル（良いフォーム）を3回、実演。膝が内側に入らないフォームだと、膝伸展のスナップを用いて左腕側のミットを足の甲で蹴るフォームとなり、膝が内側に入るフォームだと、右腕側のミットの外側を脛の中部がプレスするフォームとなる。

右ミドル

左ミドルと同じく、ミットをハの字に構え、手を前に出さず体につけて受ける。
来た蹴りを迎え入れ、包み込むように受ける。

右足を前に出し、サウスポーのスタンスになり受けてもよい。

ミットを真横に向け突き出すように構えると、蹴りが大回りし、膝が内側に入らない
蹴りになってしまうので気をつける。

ミットは横でなくナナメに向けて持つことで膝が内側に入り、相手がカウンターを取り辛い、
前に来づらい軌道の蹴りとなる。

ミットは真横でなくナナメ前方に構えて待ち、腕は前に出さず体の近くで受ける。

14

右ロー

コンビネーションや流れの中で素早く蹴らせるため、
左腕を回してお尻から大腿部にかけてつけて受ける。

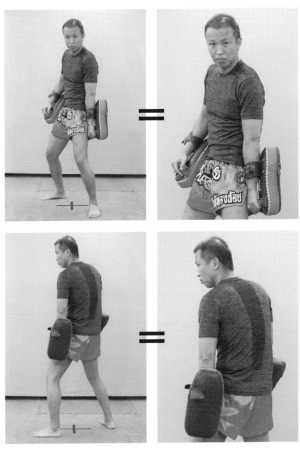

膝を曲げ通常より重心を落とし、高さを低くして受ける。ミットが太ももの高
さになるよう構える。

1

2

まだ蹴りの高さが定まらない初心者は持ち手の肘や背中を蹴ってしまうことがあるので注意。ミットでのローキックは蹴りのコントロールが定まってきてから行う。打ち手も闇雲に蹴らず、しっかりミットを狙って蹴る。

3

4

1

2

離れた位置に立ち、打ち手はそこからしっかりステップインしてミットの真ん中を狙って蹴る。スネでしっかりミットをとらえている点に注目。受け手はインパクトに合わせて腰（重心）を落とすようにする。

3

4

15

左インロー

ジャブ的に小さいモーションで素早く放つことができる蹴りであるため、
スピーディーに蹴らせ、持ち手もどっしり構えて受けるというよりは弾くように受ける。

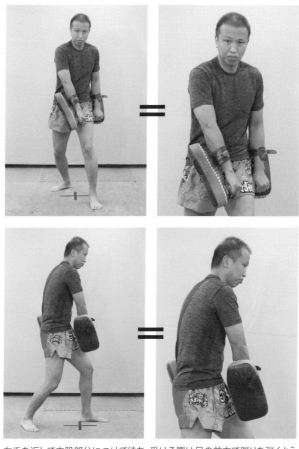

右手を返して内股部分につけて待ち、受ける際は足の前方で蹴りを弾くように
する。

やや離れた遠い間合いで立ち、相手の踏み込みから飛んでくる左ローに対し腰を落としつつ右腕を返し、弾くように受ける。

16

ハイキック

頭部を狙って蹴る攻撃のため、頭の高さに構え、手を伸ばさず体の近くで受ける。

ミドルキックと同じようにミットはナナメ前に向ける。
右ハイキックを受ける場合は右足を前にしたサウスポースタンスになってもよい。

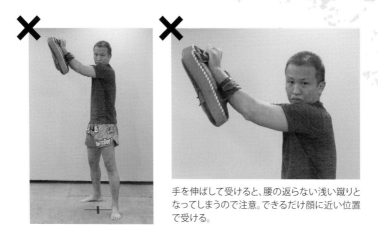

手を伸ばして受けると、腰の返らない浅い蹴りとなってしまうので注意。できるだけ顔に近い位置で受ける。

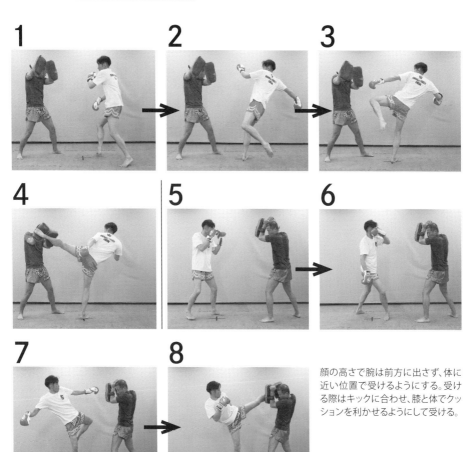

顔の高さで腕は前方に出さず、体に近い位置で受けるようにする。受ける際はキックに合わせ、膝と体でクッションを利かせるようにして受ける。

右ハイを受ける場合は右足を前にしたサウスポーになって受けてもよい。注意点は一緒で、ミット を前に出したり真横にせず、ナナメ前にして受けるようにする。

得意技はミット持ちが作る

真王杯などキャリア後期に猛威を振るった桜井のヒジ打ち。
練習でスパーを積まなかった桜井は若林とのミットでタイミングや
インパクトを磨き、必殺技として確立させた。

「ミットを持ってる方はこの選手はヒジが得意だとかローが得意だとか分かるじゃ
ないですか。だからそれを見て、しっかり仕上げてあげる、そこまでやるのがミッ
ト持ち屋じゃないかと思います。

　それでその技が強くなったら、その技を組み込んだコンビネーションを作った
りする。1つの技が飛び抜けると他の部分も引っ張られるんです。

　1つ必殺技があれば人気選手にもなっていきますし、だから全員が全員に対し
て、統一したミットの持ち方をするのではなく、例えばこの選手はこれが得意だ、
この選手はこの技、そういう見極めをすることが重要だと思います。

　選手本人は意外と自分では何が得意か分かってないから、持ってる方が言っ
てあげるんです。そうやって必殺技を身に付ければお客さんも面白いし、選手も
逆境になっても"これだけあればどうにかなる"っていう自信に繋がるのかなと
思います。だからできない部分はひとまず置いておいて、必殺技を磨くというの
もありかなと思います」（若林）

17

前蹴り

ボディを狙い力強く突き刺す前蹴り。衝撃も強くなるので、
両手でミットを構え面積を広くして力負けしないように受ける。

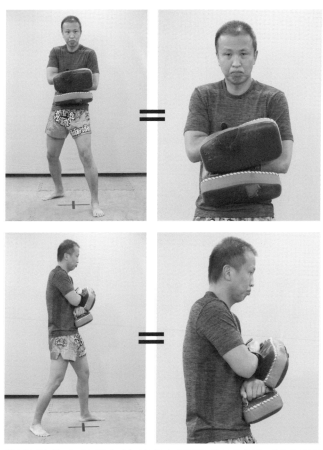

前足（左足）側の左手を下、右手を上に乗せて構える。片手で受けることもできるが、
衝撃の強い攻撃となるため、ミットを2つ重ねることで受け手の負担も小さくなる。

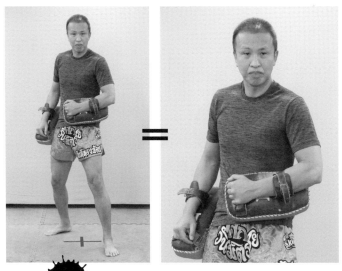

Point 子どもや女性、攻撃力がさほどない相手の場合は前手（左手）を返して手の甲を向け、腕を蹴らせるようにしてもよい。打ち手の力量・経験によって判断する。

1 **2** **3**

前蹴りは最も遠い距離で届く攻撃のため離れて立つ。しっかり力を入れて構え、ミット2つを使って受ける。

1 **2** **3**

相手に対して歩を進めるようにして向かい、打ち手はそこにタイミングを合わせて前蹴りを突き刺し、前進をストップする。

\Let's Check!/

右膝蹴り

左膝蹴り

18

ヒザ①（両手）

ヒザ蹴りは両手で受ける場合と片手で受ける場合がある。
このページでは両手のミットを重ねて受ける持ち方を紹介する。

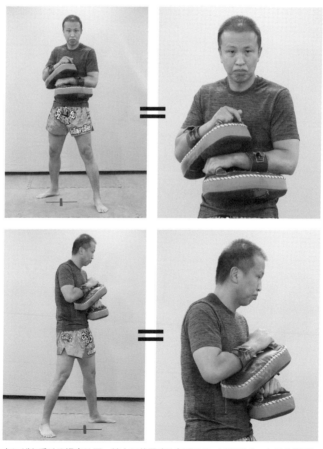

右ヒザを受ける場合は同一線上に位置する左手のミットを下にし、右手を後ろに
添えて構える。打ち手は持ち手の構えを見て、右ヒザだと判断して素早く繰り出す。

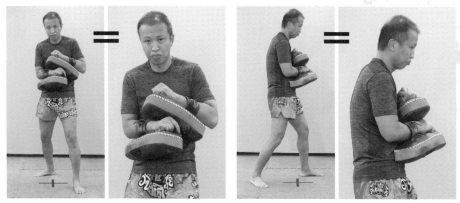

左ヒザを受ける場合は逆で、右手のミットを下にし、左手を後ろに添えて構える。
打ち手はどちらのミットが前に来ているかを素早く見て取り、同側のヒザ蹴りを繰り出す。

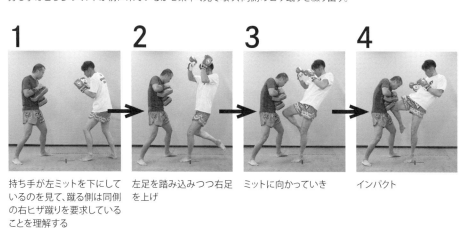

1 持ち手が左ミットを下にしているのを見て、蹴る側は同側の右ヒザ蹴りを要求していることを理解する

2 左足を踏み込みつつ右足を上げ

3 ミットに向かっていき

4 インパクト

1 今度は持ち手が右手を下にしているので、蹴る側は同側の左ヒザ蹴りを要求していると判断する

2 スイッチしつつ歩を進め

3 足を振り上げ

4 左ヒザを決める

19

ヒザ②（片手）

本ページではヒザを片手で受ける持ち方を紹介する。
片方の手でヒザを受け、もう片方の手は伸ばし相手にパンチや距離を意識させる。

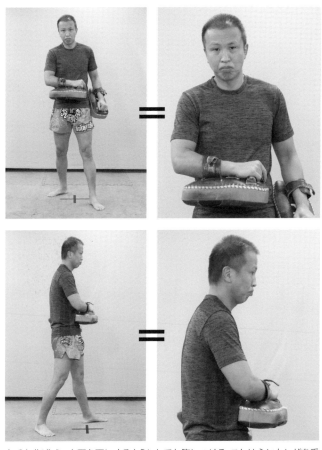

右手を曲げ、ミット面を下にするようにしてお腹につける。これは主に左ヒザを受ける場合で、右ヒザを打たせる場合は逆に左手のミットを腹につける。

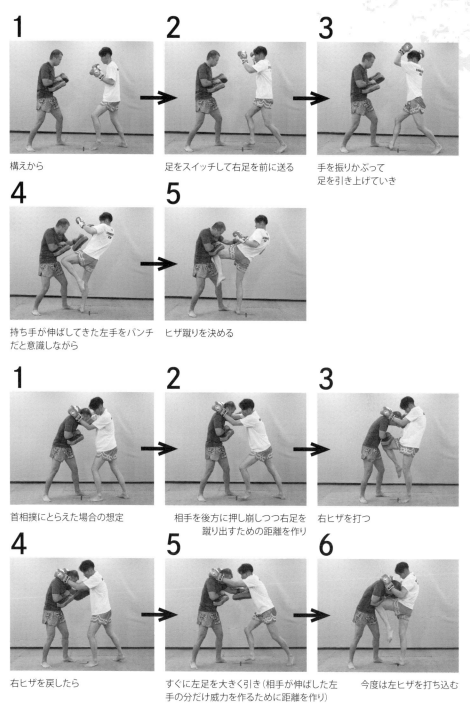

1

構えから

2

足をスイッチして右足を前に送る

3

手を振りかぶって
足を引き上げていき

4

持ち手が伸ばしてきた左手をパンチ
だと意識しながら

5

ヒザ蹴りを決める

1

首相撲にとらえた場合の想定

2

相手を後方に押し崩しつつ右足を
蹴り出すための距離を作り

3

右ヒザを打つ

4

右ヒザを戻したら

5

すぐに左足を大きく引き（相手が伸ばした左
手の分だけ威力を作るために距離を作り）

6

今度は左ヒザを打ち込む

20

右ヒジ

ヒジ打ちはキックミットを使い、パンチを受ける時と同じように顔に近い位置で受ける。
近距離での攻撃になるため、当然持ち手との間合いも近くなる。

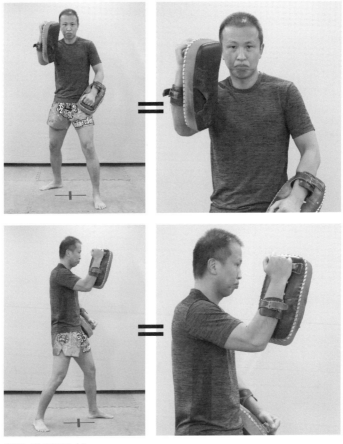

〔横ヒジの受け方〕
右手のミットを目の高さまで上げ、顔の横、顔に近い位置で構える。

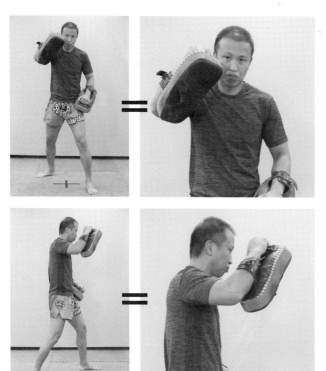

〔縦ヒジの受け方〕
右手のミットを顔の位置まで上げ、
少しナナメ下に向ける。

1 持ち手の左手をパンチのように
イメージし

2 ヒジの軌道が大振りにならないよう、
コンパクトに振るのを意識しながら

3 横ヒジでミットを打つ

1 持ち手が伸ばした左手の中＝
間合いに入り

2 構えた右手をさらに上へ引き上げる
ように

3 縦ヒジでミットを打つ

21

左ヒジ

前手となる左手でのヒジ打ち。相手と近い距離で繰り出すため
モーションの小さい攻撃となる。顔の近くで構え、ミットを小さく動かして受ける。

〔横ヒジの受け方〕
構えを作る意識でミットを持ち、ミット面は横に向ける。

〔縦ヒジの受け方〕
横ヒジを受ける構えに対し、やや
ミットをナナメに向けヒジを下か
ら受けられるように構える。

1 構えた位置から

2 相手が踏み込み左横ヒジを振るって
くるのを

3 小さくミットを動かして受ける

1 近距離で向き合った状態から

2 相手が踏み込みながら左縦ヒジを
突き出してくるのを

3 小さなミットの動きで受ける

22

ミット持ちの動きに反応して行う
ミット打ちの実際

持ち手側が、ミットを伏せた状態から6〜21のミットの持ち方をすることで、
打ち手がそれに反応して、打撃を放つやリ方について写真と映像（QRコード）、
双方を参照されたい。自由攻防の中で見られたコンビネーションを抜粋して紹介する。

1

まず右ストレートから入り

2

相手との距離が保たれている状態

3

ミットの持ち手が手を上げてきたので、
その手を払い落とすようにして

4

右ヒジを打ち込む

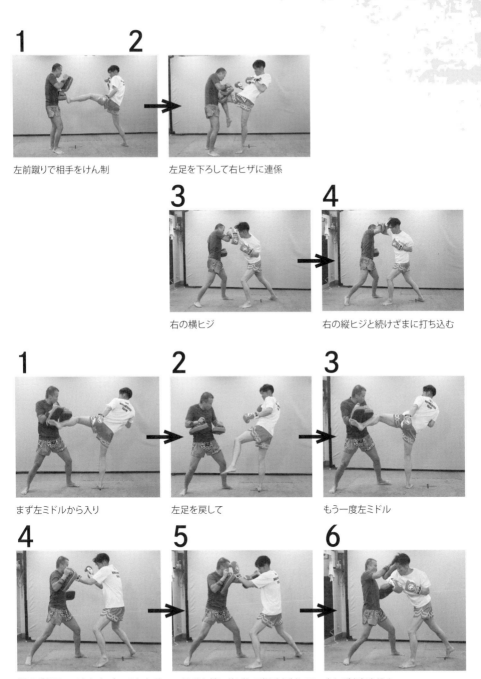

1

左前蹴りで相手をけん制

2

左足を下ろして右ヒザに連係

3

右の横ヒジ

4

右の縦ヒジと続けざまに打ち込む

1

まず左ミドルから入り

2

左足を戻して

3

もう一度左ミドル

4

相手が振るってきた右パンチを左手でブロックし

5

一旦手を前に伸ばして相手を制してから

6

右ヒジを打ち込む

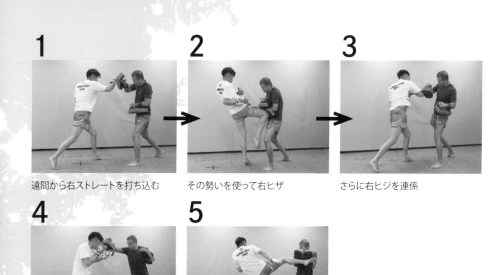

1 遠間から右ストレートを打ち込む

2 その勢いを使って右ヒザ

3 さらに右ヒジを連係

4 下がった相手が伸ばしてきた右手を左グローブで弾きつつ

5 右ミドルを蹴り込む

1 右前蹴りで相手を押さえ

2 相手が止まったところに右ローキック

3 右ストレート

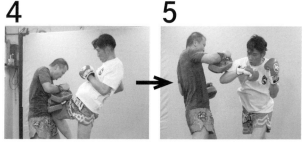

4 右ヒザ

5 右ヒジと畳み掛ける

謎のミット持ち職人

スーパークラフターU

先生の場合

理論編_P122

実技編_P126

スーパークラフターUの数奇な格闘人生
「ミット打ちはエンターテインメントで脳科学で、人生相談だ!」

プロレスからCM、TV番組まで幅広く活躍する謎のマスクマン・スーパークラフターUは、
ムエタイ伝説の王者に学んだスゴ腕ミット持ち職人でもある。
今まで全く語られることのなかった
その格闘ヒストリーを明かし、博愛に満ちたミット哲学を語る。

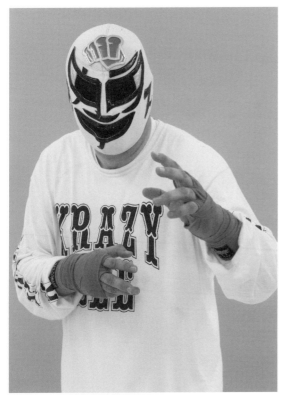

Profile

生年月日、出身地、身長・体重一切不明の謎のマスクマン。打撃格闘技をベースに多くのプロレス団体に出場するほか、多数のジムでレギュラーレッスンを受け持ち、朝倉未来＆海兄弟とCMで共演、さらにはテレビ番組では芸人にプロレス技を仕掛ける役を演じるなど、活躍のフィールドは多岐に渡る。

モデル：サエ☆クレイジービー

鍛え上げられた肉体を持つスーパークラフターU。ドロップキックも国内屈指の高さを誇る。

高校時代、タイ名門ジムにムエタイ修行へ

　インディープロレス界において一際目立つ体躯、そして爆裂音響かせる蹴りを持つ謎のマスクマン、スーパークラフターU。その数奇な格闘人生は中学時代に始まった。

「中学校の陸上部を引退して、近所の空手道場に入ったんです。陸上は幅跳びをやっていました。高校は埼玉の春日部で、春日部に内牧ジムっていうジムがあって、そこにすぐ移籍したんです。その内牧ジムに当時まだ引退したてだった藤原敏男先生が来ていて、羽田真宏（元キックボクシング世界チャンピオン、白龍ジム会長）とか、当時トーナメントあらしって言われてた中畑someとか結構いろんな人がいて。あと今PITジムの会長をやってる松永（喜之）も同時期にいて、その頃からずっと一緒にやっていたんです」

　立ち技から格闘ロードを歩み始めたクラフターU、ミットトレーニングともそれ以来の付き合いだが、当時を次のように振り返る。

「その頃UWFがあって、UWFの人たちが分厚いウイニングのミットを持っていたので"何なんだろう？"と思って、それを見てモノマネでやっていました。見よう見まねで、だから持ってはいましたけど今から考えるとメチャクチャですよね」

　高校生ながら新空手（グローブ空手）の大会に出場していたクラフターUだが、当時は規定が緩くアマチュア大会ながらプロキックボクサーも出場が許された修羅の時代。苦杯を嘗めるばかりだった。

「あの頃ってプロもアマもメチャクチャで、大体勝ち進んでいくと準決勝あたりでプロでランキングに入ってる、後にチャンピオンになるような人たちに当たって倒されて（苦笑）。そんなの負けるに決まってるじゃないですか、15・16の高校生がプロのランキング選手に（笑）。そもそもそういう人たちがアマチュアに出ていいのかよっていう（笑）。でも"面白い奴がいるな"みたいな感じになって、関係者の方に紹介してもらってタイのハーパランジムに行ったんです。当時からヒョロっとして細かったけど身長だけはあったから、ディーゼルノイみたいなヒザ蹴りを覚えろっていう感じで行きました」

　ディーゼルノイは"天を突くヒザ蹴り"の異名を取った伝説の名選手。強すぎて賭けが成立せず、引退を余儀なくされた逸話を持つ。

「当時ハーパランはチャモアペット、パノントンレックとかランキングに入ってるような選手が何人もいて、タイで一番強いジムだったんじゃないかと思います。朝走って練習して飯食って、ちょっと昼寝してまた夕方に練習して、それだけなんですよね。1ヵ月ぐらいでしたけど、もう毎日やりました。ジムにはシンさんっていうミット持ち専門の人がいて、そのシンさんが持ってくれたんですけど、こっちが好きに攻撃して、そこを受けるっていうフリーなんです。『何でも好きにやってこい』と言って、打つ方は普通に戦ってるのと一緒ですよね。だからミット持ちとしての勉強には全然なってないです。どこをやっても受けてくれるし。なので当時はミットを持つっていうのはあまり考えてなかったです」

現在KRAZY BEEでインストラクターを務めるスーパークラフターU。生前の山本KID徳郁とともに。よいところを見出し褒めること、身体を大切に扱ってもらうこと──といった指導理念が共通し意気投合していた。

新日本プロレス入門、
格闘技撤退からコーチの道へ

　高校生にしてすでに得難く濃厚な格闘体験を通過したスーパークラフター U だが、その後はしばらく不遇に見舞われる。
「当時はまだ K-1 とかなかったから『デカいヤツは新日本プロレスに行け』っていうことで、テストを受けて実は 1 回入ってるんです。でも当時は飲まず食わずのメチャクチャな減量法で、その影響で栄養素が無くなり過ぎて骨粗鬆症みたいになって膝のお皿が割れて歩けなくなっちゃったんです。テストは受かって通いで新弟子にはなっていたんですけど、入った時にはもう歩ける状態じゃなくて、山本小鉄さんに『すみません、辞めます』と言ったら『お前の人生だから好きにしろ』みたいに言われて。あとで聞いたら武藤（敬司）さんは辞めますって言ったら『一週間我慢しろ』って言われたらしいんですけど（笑）。それで辞めて膝を手術して、しばらく歩けなかったので、もう格闘技は辞めようと思って普通にサラリーマンをやっていました」

　その後は格闘技と関わりを持たなかったクラフター U だが、地元の越谷（埼玉県）にプロレス団体バトラーツがジムを開設。ここから今に繋がる格闘人生の新章が幕を開ける。
「近所にジムができて、最初はサラリーマンをしながら普通に会員で入りました。そうしたらすぐ石川（雄規・バトラーツ代表）さんに『コーチをやって』と言われて、ミットとかキックボクササイズを担当していたんです。それでバトラーツがなくなった後もポゴナ（クラブジム）やケルベロス（ジム）、池袋のブクロジム、いろんなところから声を掛けて頂いて。それで一気にたくさんの人のミットを持たないといけなくなって、それでいろいろ考え出したんです」

　当時はまだ YouTube 全盛の時代ではなかったが、ジムの生徒が参考にと渡してくれたミット打ち動画を収めた DVD が現在行うミットトレーニングのモチーフとなっている。
「パンチで参考にしたのはロジャー・メイウェザーです。生徒さんが動画を DVD に焼いてくれて、それを DVD がぶっ壊れるまでずーっと見ました。何だか分からないので何回もコマ送りをして、それを書き写して全部覚えようとして、でも何回も挫折して。けど、それでも見ていたら "あれ、法則性があるな" って。ロジャーさんが気分によって変えてる部分はあるんですけど基本的なパターンがあって、それをちょっとシンプルにしたのが今回ご紹介するディフェンスパターンです。キック系はそれに即して自分で考えました。そんなに難しいことはやっていないです」

スーパークラフター U のミット哲学

　プロから一般会員、そしてキッズまで幅広く大勢のミットを持つスーパークラフター U だけに、ミットトレーニングに対する哲学は博愛的だ。
「ミット打ちはエンターテインメントであり脳科学であり、人生相談なんです。思いっきり打って蹴って、とにかく楽しいからエンターテインメントで、"どうやってやるんだろう？" って考えながら体を動かしているとき脳内のいろんな物質が放出されて、脳が活性化するんです。それが脳科学。いろいろ難しいことをやらせるんですけど、むしろ失敗してもらいたいんです（笑）。"あぁ、できない" って笑顔になるその瞬間に脳内の幸せ物質が放出されているんです」

試合は打撃をハードヒットで入れる格闘スタイル。キッズ柔術の指導もしており関節技も使いこなす。

マスクのため表情はうかがえないがクラフター U は穏やかに続ける。

「"人生相談"っていうのはミットを受けていると何となくその人の人となりが分かるんです。それでミットをやって笑顔になってくると少し心を開いてくれるので、『ちょっとこんな感じで悩みがあるんです』みたいに相談されることがある。そういう時に道徳の授業みたいなことは聞きたくないだろうから、こっちは変わってるし見方がちょっと普通と違うから『こういう感じじゃないですか』みたいなことを言うと後になって『あの時ああやって言ってもらったから』みたいなことがよくあるんです。占い師でも予言者でもないから未来は分からないし、変な奴が変な方向からものを言って、それで少し見方が変わる、それを"人生相談"って言ってるだけなんですけど（笑）」

ロジャー・メイウェザーのミットを参考に複雑なミット技法を確立させたスーパークラフター U だが、技術を伝える立場として心掛けていることがある。

「1 回でできる人、10 回でできる人、100 回やってできる人、全部同じで、誰が上で下はないんです。元は（カール・）ゴッチさんが言っていたことだと思いますが、出典元が分かりません（笑）。1 回でできちゃう人って意外とすぐに忘れちゃったりするんです。でも 100 回目でできた人は絶対忘れない。"教える"っていうのは偉そうだから"伝える"。伝える側は 100 回伝える、その覚悟がない人はミットを持ったり技術を伝えたりする資格はないと思ってます。『こないだ教えたろ』『何回言えばできるんだ』『みんなできてるぞ』、そういうのは NG ワードで絶対言いません。インストラクターの後輩ができてからも、言ってる奴がいたら叱るし、これは心掛けてます」

経歴を紐解いてなおミステリアス、TV で芸人に罰ゲームのプロレス技を掛けることもあるスーパークラフター U だが、その語り口は優しい。

「私の考えとしてミットは猫の毛づくろい、グルーミング的に考えてます。『はい、こっちやって、こっちやって』というのは舐め合いや触れ合い、1 つのストレス解消法として捉えてます。どんなにこの世の不幸全てを背負ったような暗い顔でジムに来ても、ミットで必ず笑顔になってもらえます。もちろん涙を流す不幸の根本的な解決にはミットは悲しいくらい無力ですが、涙を拭うハンカチぐらいの役割にはなるはずです」

なんだか"ミットトレーニングは世界を救う"みたいな壮大な気になってくる。

「夢はジジイになって動けないのに子どもクラスで『行けー』とか言ってるクソジジイなので（笑）、どうしたら 80、90 になってもミットを持てるか自分も模索しています。だから自分が持ち方を説明して各々覚えてもらって、あとはそれぞれ何ラウンドかずつ持ち合う、その形だったら 90 になってもできますよね。基本の受け方をマスターして怪我する持ち方さえしなければ、ミットを持つことで距離感や相手の攻撃が分かるようにもなってくると思います。だからみなさん打つだけじゃなく持つ方の練習もして頂きたいですし、世阿弥の風姿花伝が 500 年後の役者さんに読まれているように 100 年後の格闘技オタクへこの本を残したいです。その気持ちで今回取り組ませて頂きました」

悩みの解決にはならなくても、ミットを打てばきっと楽しい気分と活力を得られるはずだ。

\\Let's Check!/

実際の
スピードの映像

ゆっくりした動きで
行った映像

持ち手の動きを
正面からみた映像

別アングルから
みた映像

1

記数法ミット打ち:42手

スーパークラフターUのミット持ちはリズミカルに手数多く打たせるのが特長。
モチーフになっているのはフロイド・メイウェザーの叔父でトレーナーを務めた
ロジャー・メイウェザーのミット打ち練習法だ。
俗に"リズムミット"と呼ばれるこのミット打ちを、まだYouTubeが
普及していない時代に、U氏はメイウェザーのミット練習シーンが
収録されたDVDを入手し、デッキが故障するほどリピートして解析したという。

記数法はコンビネーションの手数を「8」・「9」といった数字で記憶し打ち込んでいく方法。パンチはフルスイングせず、トレーナーが出したミットに即座に反応していく。出たマトをすぐ叩く、モグラ叩きのイメージ。力強いパンチを放つためには、軸となる足の母指球に体重を乗せ、体幹を回旋させる（結果として放つパンチの側の足の母指球を軸に踵が外側に動く）ことが一般的だが、この記数法ミットにおいては、両足はベタ足のまま、体幹の回旋も抑え、いわゆる手打ちに近いかたちでミットを叩く。反応やハンドスピードの速さを向上させることにフォーカスを絞るためだ。
8・9・9・3・4・4・3・2の8パートに分類され、通して行うと全42手になる。一気に42手全部を覚えることはできないので、分解して1パートずつ身につけていく。

あえてベタ足!

①8手

1.右ブロック→2.左フック→3.右ストレート→4.左フック→
5.左フック→6.右ストレート→7.左フック→8.右ストレート

【横からみたところ】

1

2

向き合って

左フックを打つようにして相手に右腕でブロックさせる

左フックを受ける

3

4

5

右ストレートを受ける

左フックを受け

もう1発左フックを受ける

6

7

8

そこから右ストレート

左フックと打ち込み

右ストレートを打ち込む

①8手

【斜めからみたところ】

相手と向かい合い

1 
左パンチを振り相手に
右ブロックさせる

2 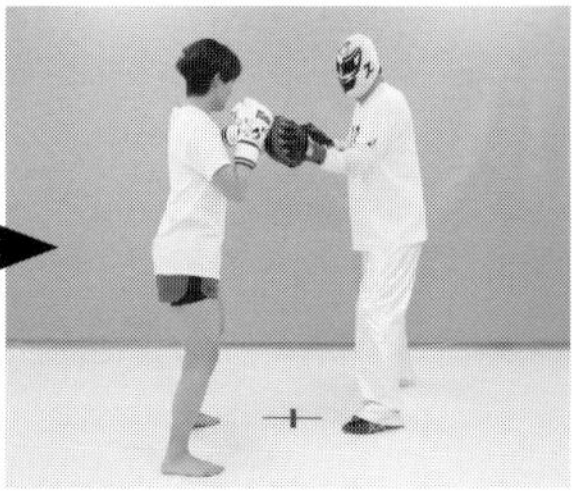
左フックを受け

3 
右ストレートを受ける

4 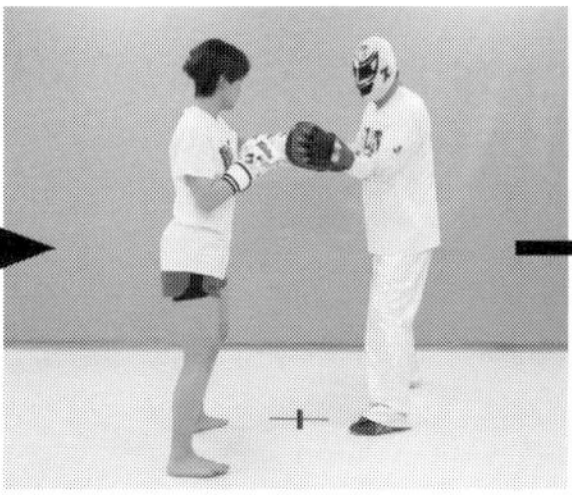
左フックを受け

5 
左フックをもう1度、連続で受ける

6 
続いて右ストレートを受け

7 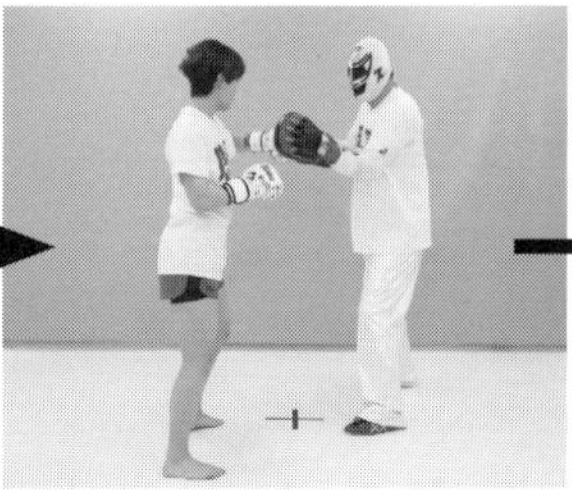
左フックを受け

8 
右ストレート

【正面からみたところ】

相手の正面に立ち

1
左フックを振るように相手に右ブロックさせる

2
左手で左フックを受け

3
右手で右ストレートを受ける

4
左フックを受け

5
もう1度、左フックを受ける

6
右ストレートを受け

7
左フックを受け

8
右ストレート

②9手

1.左ブロック→2.右アッパー→3.右ストレート→4.左フック→
5.右ストレート→6.左アッパー→7.右アッパー→8.左アッパー→9.右アッパー

【横からみたところ】

1 右フックのように手を出しブロックさせる

2 右アッパーを受ける

3 その手を返し右ストレートを受け

4 左フック

5 右ストレート

6 左アッパーを受け

7 右アッパー

8 さらに左アッパー

9 そして右アッパー

【斜めからみたところ】

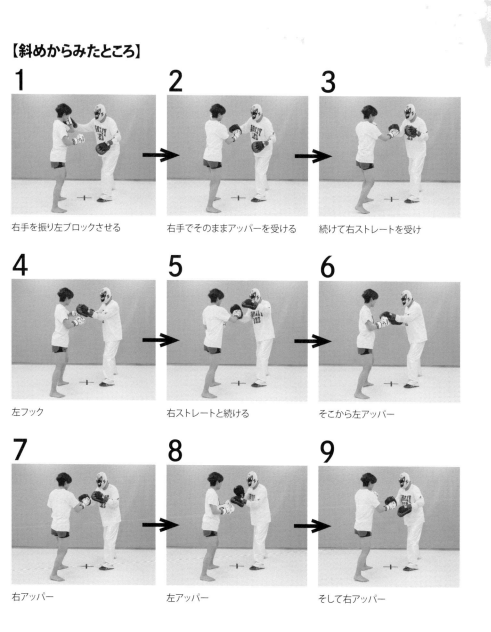

1 右手を振り左ブロックさせる

2 右手でそのままアッパーを受ける

3 続けて右ストレートを受け

4 左フック

5 右ストレートと続ける

6 そこから左アッパー

7 右アッパー

8 左アッパー

9 そして右アッパー

②9手

【正面からみたところ】

1 フックのように右手を振り

2 右手をアゴ下に移しアッパーを受ける

3 手を立てて右ストレートを受け

4 左手で左フック

5 右手で右ストレートと続ける

6 アッパーのパートに入り左アッパー

7 右アッパー

8 左アッパー

9 右アッパーと受けていく

③9手 ※②と同じパターンを繰り返す

1.左ブロック→2.右アッパー→3.右ストレート→4.左フック→
5.右ストレート→6.左アッパー→7.右アッパー→8.左アッパー→9.右アッパー

【横からみたところ】

1 右手を振って左ブロックを誘い

2 すぐに手を戻して右アッパーを受ける

3 続いて右ストレートを受け

4 左フック

5 右ストレートと続け

6 そこから左アッパー

7 右アッパー

8 さらに左アッパー

9 そして右アッパー

③9手 ※②と同じパターンを繰り返す

【斜めからみたところ】

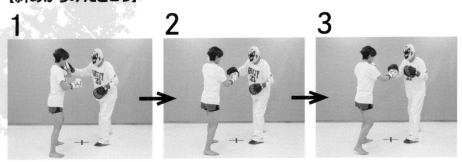

1 右手を出して左ブロックさせ

2 右手ですぐに右アッパーを受ける

3 右手を引いて右ストレートを受け

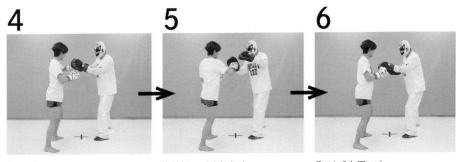

4 左フック

5 右ストレートと打たせ

6 そこから左アッパー

7 右アッパー

8 左アッパー

9 そして右アッパー

【正面からみたところ】

1 右手を振って左ブロックさせ

2 右手をアゴ下に戻し右アッパーを受ける

3 続いて顔横にミットを立たせ右ストレートを受け

4 左フック

5 右ストレートと受け

6 そこから左アッパー

7 右アッパー

8 左アッパー

9 そして右アッパー

135

④3手

1.右ダッキング→2.左ダッキング→3.右ウィービング
※「ヘッドスリップ」と言われる動きを、クラスターUは指示のしやすさから「ダッキング」「ダック」と呼ぶ

【横からみたところ】

左ストレートを伸ばし右側にダック（ダッキング）させる

右ストレートを伸ばし左側にダックさせる

左手を振るって右側にウィービングさせる

【斜めからみたところ】

左手を伸ばし右に小さくよけさせる

右手を伸ばし左に小さくよけさせる

左手を振りくぐってよけさせる

【正面からみたところ】

左手をストレート状に伸ばす

右手をストレート状に伸ばす

左手を大きく振って回す

⑤4手

1.右ストレート→2.左フック→3.右ストレート→4.右ダッキング

【横からみたところ】

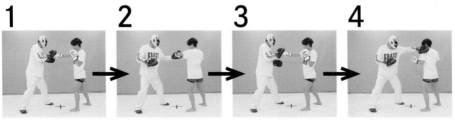

1 右ストレート

2 左フック

3 右ストレートと受け

4 左手を伸ばし右にダックさせる

【斜めからみたところ】

1 右ストレート

2 左フック

3 右ストレートと3連打させ

4 左手を伸ばし右へダックさせる

【正面からみたところ】

1 右ストレートを受け

2 左フックを受け

3 顔横で右ストレートを受け

4 左ストレートを伸ばし右へダックさせる

⑥4手 ※⑤と同じパターンを繰り返す

1.右ストレート→2.左フック→3.右ストレート→4.右ダッキング

【横からみたところ】

1 右ストレート
2 左フック
3 右ストレートと3連打させ
4 左ストレートを返し右に
ダックさせる

【斜めからみたところ】

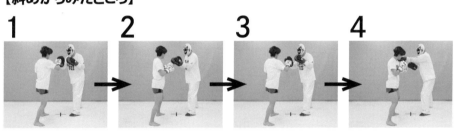

1 右ストレート
2 左フック
3 右ストレートと連打させ
4 伸ばした左手を右へダック
させる

【正面からみたところ】

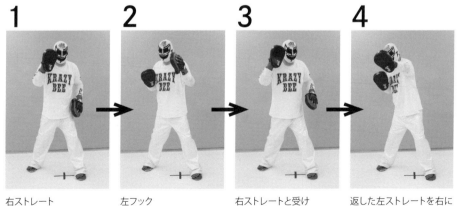

1 右ストレート
2 左フック
3 右ストレートと受け
4 返した左ストレートを右に
ダックさせる

⑦3手

1.右ストレート→2.左フック→3.右ストレート

【横からみたところ】

右ストレート　　　　　　　左フック　　　　　　　右ストレートと基本の3連打

【斜めからみたところ】

右手で右ストレート　　　　左手で左フック　　　　右手で右ストレートと受けていく

【正面からみたところ】

顔横で右ストレート　　　　左フック　　　　　　　右ストレートと受けていく

⑧2手

1.ジャブ→2.ジャブ

【横からみたところ】

ジャブを受け　　　　　　　　　　　　　　　　　　　　　　　もう1発ジャブを受ける

【斜めからみたところ】

左ジャブ　　　　　　　　　　　　　　　　　　　　　　　最後に再び左ジャブ

【正面からみたところ】

左ジャブを受け　　　　　少し手を引き　　　　　再度ジャブを受けフィニッシュ

事前・事後のストレッチケア

スーパークラフターUはミット持ちによる怪我や故障の予防とケアのため、
練習前後に必ず、機器を用いたストレッチを行っている。

「このストレッチマシンはKIDさん（故・山本"KID"徳郁）が導入したもので、
練習の最初と最後に必ず使用しています。ミット持ちは肩と首、指に負担が掛か
りますし、頭部への衝撃により、脳や眼が慢性的に振動することが職業病的に
あるので、こういったケアは欠かせません。練習が終わった後に取り組むとスッ
キリしますし、KIDさんも私もこのマシンの中毒で、私は、もうこれがないと生
きられない体質になってしまいました（笑）」とスーパークラフターUは語る。
むろん、多くの現場では、このような機器があるわけではないだろうが、障害予
防への意識をもち、セルフストレッチなり、アイシングなりのケアを重ねることは
推奨したいところである。

\Let's Check!/

ゆっくりした動きで行った映像。これぐらいのスピードで取り組みはじめ、慣れるに従い、可能なかぎりスピードを速めていこう。映像では①の左パリーを2回（書籍では1回）、②の右ストレートを右アッパーにかえて行っています。

2

ディフェンスパターン

持ち手の動きを
正面からみた映像

持ち手の攻撃のミット
状態の違いを比較する映像

ロジャー・メイウェザーが行っていたミット打ちを
コマ送りを繰り返して解析し、クラフターUが身につけたパターン。
様々なディフェンスを起点に始まり、このパターンを何度も反復することで
パンチの基本的な防御法をマスターすることができる。

それぞれパーリング、ブロック、ウィービング、ダッキング、エルボーブロック、スウェー
（写真左上から時計回り）から始まる6つのパターンがある。
間に「ブリッジ」と呼ぶパンチのコンビネーションを挟み、パーリングパターン→ブリッジ→ブロックパターン→ブリッジ→……といった具合に連続して行う。

① パーリング

右パーリング→右パーリング→右パーリング→右ストレート→左フック→
右ストレート→左パーリング→左フック→右ストレート

【横からみたところ】

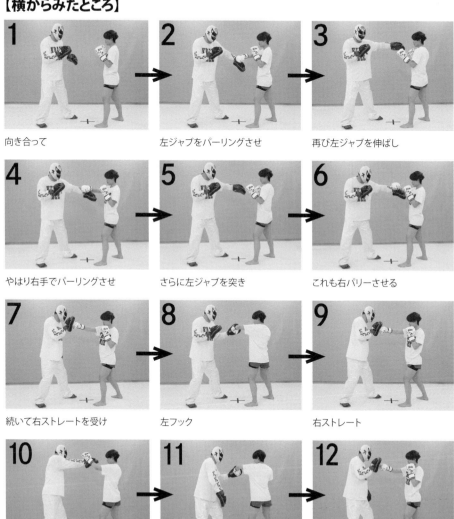

1 向き合って

2 左ジャブをパーリングさせ

3 再び左ジャブを伸ばし

4 やはり右手でパーリングさせ

5 さらに左ジャブを突き

6 これも右パリーさせる

7 続いて右ストレートを受け

8 左フック

9 右ストレート

10 受けたらすぐに右手を伸ばして左パリーさせ

11 左フック

12 そして右ストレート

①パーリング

【斜めからみたところ】

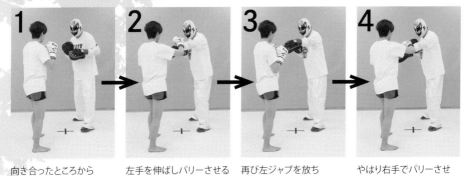

1 向き合ったところから

2 左手を伸ばしパリーさせる

3 再び左ジャブを放ち

4 やはり右手でパリーさせ

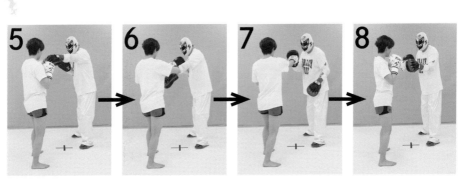

5 さらに左ジャブを打ち

6 これも右パリーさせる

7 続いて右ストレートを打たせ

8 左フック

9 右ストレートと受ける

10 右ストレートを左パリーさせ

11 その手ですぐに左フックを打たせ

12 右ストレートを受ける

【正面からみたところ】

1 向き合って立ち

2 左ジャブをパリーさせる

3 手を戻し

4 再び左ジャブをパリーさせ

5 手を戻し

6 さらに左ジャブを出しパリーさせる

7 続いて右ストレートを打たせ

8 左フック

9 右ストレートと受け

10 すぐ右ストレートを出しパリーさせ

11 パリーした手ですぐ左フックを打たせ

12 右ストレート

②ブロック

左ブロック→右ストレート→左フック→右ストレート→
右ブロック→左フック→右ストレート

【横からみたところ】

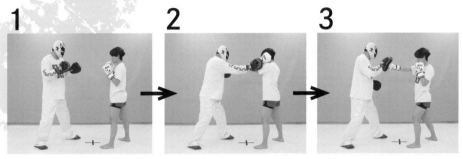

1 向き合ったところから

2 右フック状に振り左ブロックさせる

3 右ストレートを受け

4 左フック

5 右ストレート

6 すぐに手を引かせて右ブロック

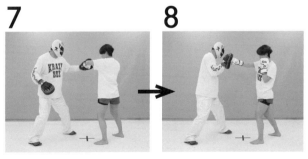

7 左フック

8 右ストレート

【斜めからみたところ】

1 相手と向き合い

2 右フックを振りブロックさせる

3 右ストレート

4 左フック

5 右ストレートと3連打

6 すぐ手を戻させ右ブロック

7 左フック

8 右ストレート

②ブロック

【正面からみたところ】

1 相手の正面から

2 右手を振り左ブロックさせる

3 すぐ手を戻し右ストレートを受ける

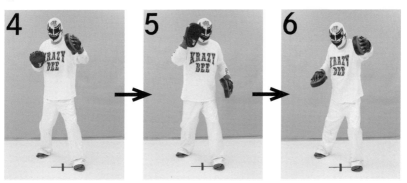

4 続いて左フック

5 右ストレートと3連打

6 左手を振り右ブロックさせる

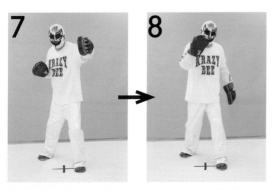

7 少し左手を動かしフックを打たせる

8 右ストレート

③ウィービング

左ウィービング→左フック→右ストレート→右ウィービング→
右ストレート→左フック→右ストレート

【横からみたところ】

1 向き合って

2 大きく振った右手を

3 ウィービングで左にくぐらせる

4 そして左フック

5 右ストレート

6 今度は左手を大きく振り

7 右にウィービングさせ

8 右ストレート

9 左フック

10 右ストレートと3連打

③ウィービング

【斜めからみたところ】

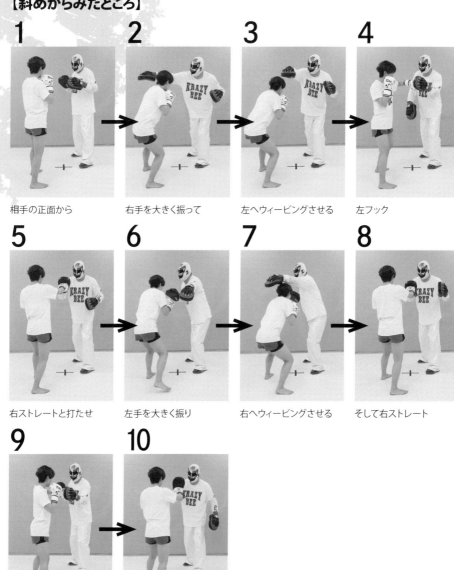

1 相手の正面から

2 右手を大きく振って

3 左へウィービングさせる

4 左フック

5 右ストレートと打たせ

6 左手を大きく振り

7 右へウィービングさせる

8 そして右ストレート

9 左フック

10 右ストレートと3連打

【正面からみたところ】

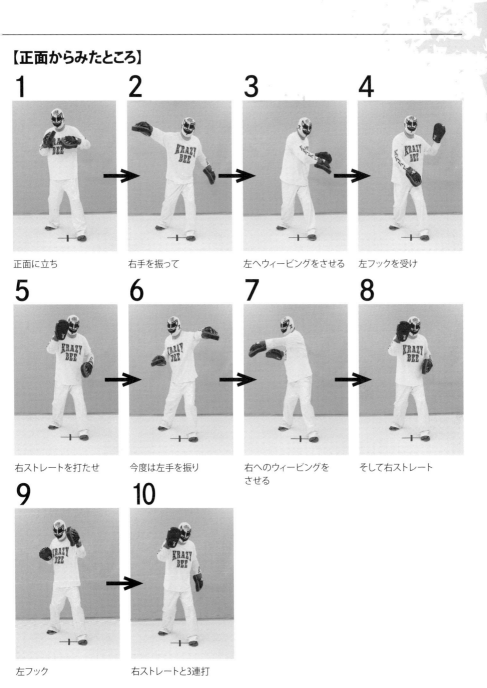

1 正面に立ち

2 右手を振って

3 左へウィービングをさせる

4 左フックを受け

5 右ストレートを打たせ

6 今度は左手を振り

7 右へのウィービングをさせる

8 そして右ストレート

9 左フック

10 右ストレートと3連打

④ダッキング

※「ヘッドスリップ」と言われる動きを、クラスターUは指示の
しやすさから「ダッキング」「ダック」と呼ぶ

右ダック→右ストレート→右ダック→右ストレート→右ダック→
左ダック→右ウィービング→右ストレート→左フック→右ストレート

【横からみたところ】

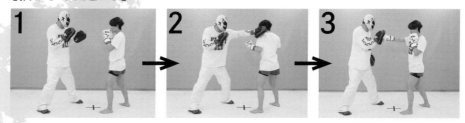

1 お互い向き合い

2 左手を伸ばし右にダック（ダッキング）させる

3 右ストレートを返させる

4 再び右にダックさせ

5 再度右ストレート

6 3度目の右ダックをさせ

7 続けて左にダックさせる

8 大きく左手を振り

9 右側にウィービングさせ

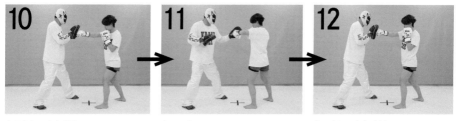

10 右ストレートを打ち

11 左フック

12 右ストレートと3連打

【斜めからみたところ】

1

相手に向き合い

2

伸ばした左手を右に
ダックさせる

3

右ストレートを返させ

4

左手に対し再び右にダック

5

ここでも右ストレート

6

三度（みたび）右ダック

7

そして左ダックさせ

8

振るった左手を

9

右にウィービングさせ

10

右ストレート

11

左フック

12

右ストレートと3連打させる

④ダッキング

【正面からみたところ】

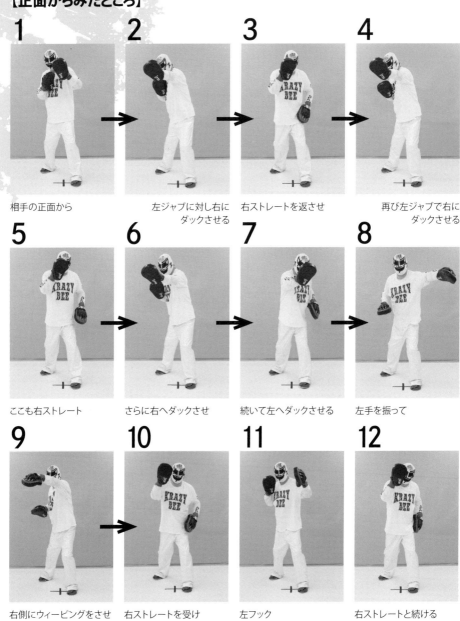

1 相手の正面から

2 左ジャブに対し右にダックさせる

3 右ストレートを返させ

4 再び左ジャブで右にダックさせる

5 ここも右ストレート

6 さらに右へダックさせ

7 続いて左へダックさせる

8 左手を振って

9 右側にウィービングをさせ

10 右ストレートを受け

11 左フック

12 右ストレートと続ける

⑤エルボーブロック

左エルボーブロック→右エルボーブロック→右アッパー→左フック→左ダック→
左フック→右ストレート→右ウィービング→右ストレート→左フック→右ストレート

【横からみたところ】

1 向き合ったところから

2 右ボディフックを放ち左肘でブロックさせる

3 続いて左ボディフックを右肘で防がせる

4 右アッパーを返させ

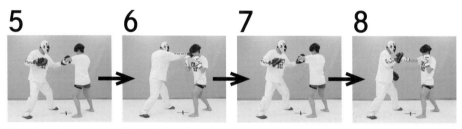

5 続いて左フック

6 左側にダッキングさせ

7 左フックを打たせ

8 右ストレート

9 左手を振って

10 右側にウィービングさせ

11 右ストレート

12 左フック

13 右ストレート

⑤エルボーブロック

【斜めからみたところ】

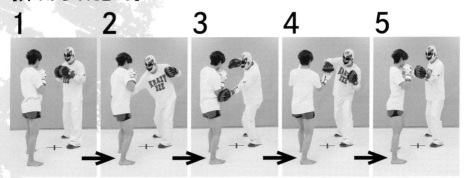

1 相手と向き合い　2 身を沈めて右ボディフック　3 続いて左ボディフックを放ち
4 右アッパーを返させる　5 そして左フック

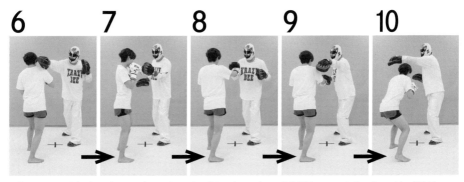

6 右ストレートを左ダックさせ　7 左フック　8 右ストレート　9 左フックを振るって　10 右へウィービングさせ

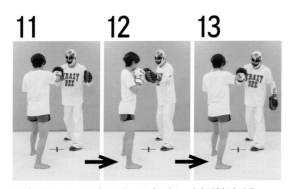

11 右ストレート　12 左フック　13 右ストレートと3連打させる

【正面からみたところ】

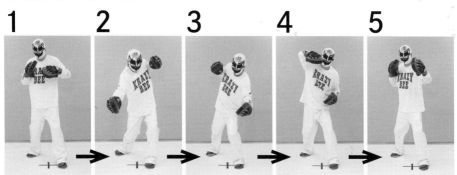

1 相手の正面から　**2** 右フックをボディへ　**3** 続いて左フックをボディへ放つ
4 体を戻して右アッパーを受け　**5** 続いて左フックを打たせる

6 右ストレートを出し左ダックさせ　**7** 左フックを受け　**8** 右ストレート
9 左手を大きく振って　**10** 右にウィービングさせ

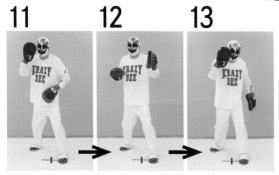

11 右ストレート　**12** 左フック　**13** 右ストレートと連打をまとめさせる

⑥スウェー

スウェー→右ストレート→左フック→右ストレート→スウェー→
右ストレート→左フック→右ストレート

【横からみたところ】

1 相手の正面から

2 左ジャブを伸ばしスウェーで
よけさせる

3 右ストレートをリターンさせ

4 左フック

5 右ストレート

6 再びジャブをスウェーさせ

7 右ストレート

8 左フック

9 右ストレートと再び3連打

【斜めからみたところ】

1 正面に立ち

2 左ジャブを目先でスウェーさせる

3 右ストレートを返させ

4 左フックを繋げ

5 右ストレートと連打させる

6 再びジャブをスウェーさせて

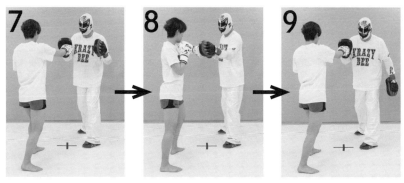

7 右ストレート

8 左フック

9 右ストレートと3連打

⑥ スウェー

【正面からみたところ】

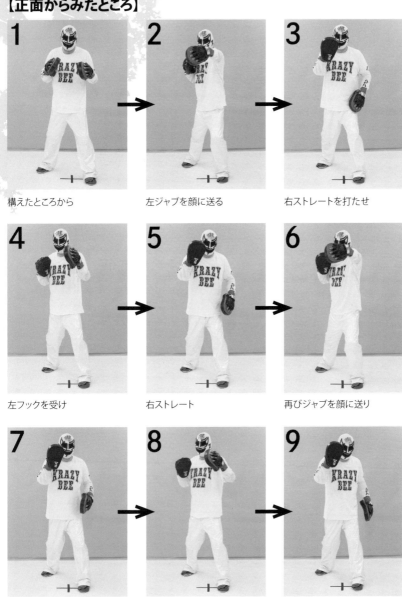

1 構えたところから

2 左ジャブを顔に送る

3 右ストレートを打たせ

4 左フックを受け

5 右ストレート

6 再びジャブを顔に送り

7 右ストレート

8 左フック

9 右ストレートと3連打を受ける

⑦ブリッジ

左アッパー→左フック→右ストレート→右アッパー→
右ストレート→左フック→右ストレート

「ブリッジ」はディフェンスパターンの間に「橋渡し」的に入れるパンチのコンビネーション。パーリング→ブリッジ→ブロック→ブリッジという感じで挟み、リズミカルに打たせて次のディフェンスパターンに繋げる。

【横からみたところ】

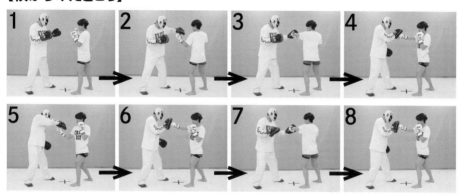

【斜めからみたところ】

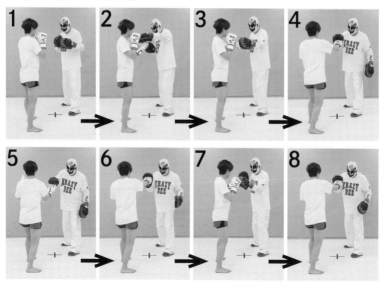

ハイスパート

これまでのミット打ちに慣れた人、熟練者に対して行う「ハイスパート」。
コンビネーションや大技を一気に畳み掛ける。
なおそれぞれの名称は冒頭に来る技、あるいは核となる技から取っている。

\Let's Check!/

①四連打

4連打→左ブロック→右ストレート→左フック→右ストレート→右ブロック→左フック
→右ストレート→左アッパー→右ストレート→左ボディフック→左フック→右ストレー
ト→左フック→右ストレート→左アッパー→右ストレート→左ボディフック→左フック
→右ストレート→左フック→右ストレート→右ウィービング→右ストレート→左フック
→右ストレート

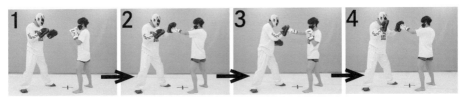

1 向き合ったところから　2 左ジャブ　3 右ストレート　4 左ジャブ

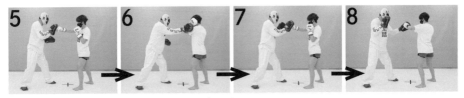

5 右ストレート　6 左ブロック　7 右ストレート　8 左フック

9 右ストレート　**10** 右ブロック　**11** 左フック　**12** 右ストレート

13 左アッパー　**14** 右ストレート　**15** 左ボディフック　**16** 左フック

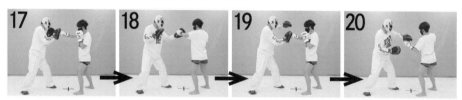

17 右ストレート　**18** 左フック　**19** 右ストレート　**20** 左アッパー

21 右ストレート　**22** 左ボディフック　**23** 左フック　**24** 右ストレート

25 左フック　**26** 右ストレート　**27** 右へウィービングして　**28** 右ストレート

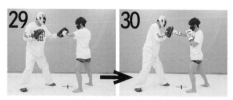

29 左フック　**30** 右ストレート

②ワンツー

ワンツー→ジャブ→ジャブ→右ストレート→左フック→右ストレート→右ダック→右ストレート→右ダック→右ストレート→右ダック→左ダック→右ウィービング→右ストレート→左フック→右ストレート→左アッパー→右ストレート→左ボディフック→左フック→右ストレート→左フック→右ストレート→左アッパー→右ストレート→左ボディフック→左フック→右ストレート→左フック→右ストレート→右ウィービング→右ストレート→左フック→右ストレート

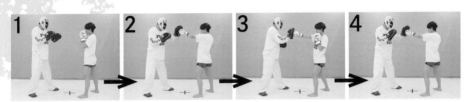

1 向き合ったところから　**2** 左ジャブ　**3** 右ストレート　**4** 左ジャブ

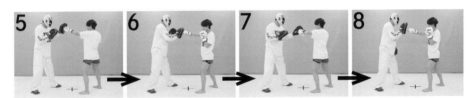

5 左ジャブ　**6** 右ストレート　**7** 左フック　**8** 右ストレート

9 右ダッキング　**10** 右ストレート　**11** 右ダッキング　**12** 右ストレート

13 右ダッキング　**14** 左ダッキング　**15** 右へウィービングして　**16** 右ストレート

17 左フック　**18** 右ストレート　**19** 左アッパー　**20** 右ストレート

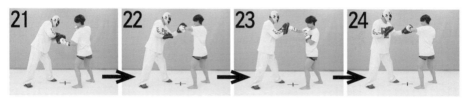

21 左ボディフック　**22** 左フック　**23** 右ストレート　**24** 左フック

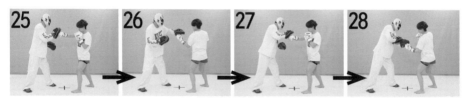

25 右ストレート　**26** 左アッパー　**27** 右ストレート　**28** 左ボディフック

29 左フック　**30** 右ストレート　**31** 左フック　**32** 右ストレート

33 右へウィービングして　**34** 右ストレート　**35** 左フック　**36** 右ストレート

③ヒジ・飛びヒザ

右アッパー→左フック→右ロー→左ミドル→右ストレート→
左フック→右ミドル→左ヒザ→右ヒジ→飛びヒザ

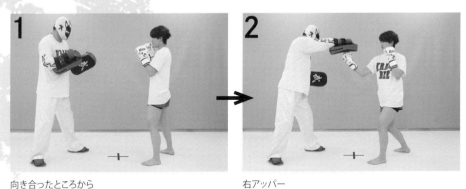

1 向き合ったところから

2 右アッパー

3 左フック

4 右ロー

5 左ミドル

6 右ストレート

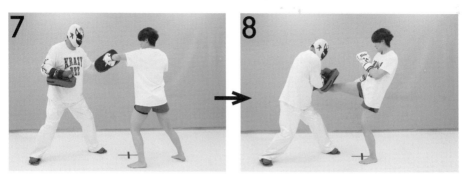

7 左フック

8 右ミドル

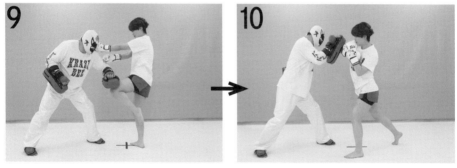

9 左ヒザ

10 右ヒジ

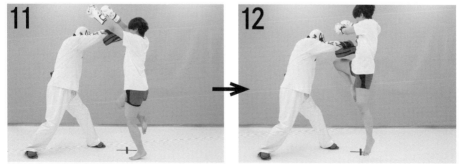

11 飛び上がって

12 ヒザを決める

④縦ヒジ・バックハンド

左インロー→右ストレート→左フック→右ミドル→左フック→
右ストレート→左ミドル→右ヒザ→左縦ヒジ→バックハンド

1 向き合った状態から

2 左インロー

3 右ストレート

4 左フック

5 右ミドル

6 左フック

右ストレート

左ミドル

右ヒザ

左縦ヒジ

回転して

バックハンド

⑤ スーパーマンパンチ

左前蹴り→右ミドル→ワンツー→左ミドル→右ストレート→
左フック→右ミドル→右ヒザ→右ミドル→右スーパーマンパンチ

1 向き合った体勢から

2 左前蹴り

3 右ミドル

4 左ジャブ

5 右ストレート

6 左ミドル

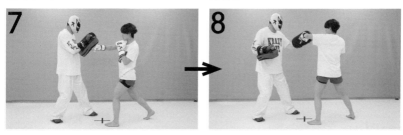

7 右ストレート

8 左フック

右ミドル

右ヒザ

右ミドル

右足を下げる勢いで右肩を前方へ振り出し

右ストレート（12→13の動きを右足を着地せずに
行うかたちを、俗に「スーパーマンパンチ」と呼ぶ）

⑥ショルダーブロック

スウェー→左ウィービング→右ウィービング→ピボット→左フック→右ストレート→右ウィービング→右ストレート→左フック→右ストレート→左ショルダーブロック→右ストレート→左フック→右ストレート→左ショルダーブロック→右ストレート→左フック→右ストレート→ジャブ→ジャブ→スウェー→左ウィービング→右ウィービング→ピボット→左フック→右ストレート→右ウィービング→右ストレート→左フック→右ストレート→左ショルダーブロック→右ストレート→左フック→右ストレート→左ショルダーブロック→右ストレート→左フック→右ストレート→ジャブ→ジャブ

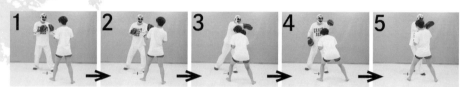

1 まず向き合い　2 スウェー　3 左ウィービング　4 右ウィービング　5 前進してきた相手を

6 左足を中心にした　7 バスケのピボットでかわし　8 左フック　9 右ストレート　10 右へウィービング

11 右ストレート　12 左フック　13 右ストレート　14 左ショルダーブロック　15 右ストレート

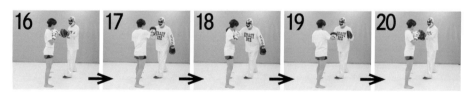

16 左フック　17 右ストレート　18 左ショルダーブロック　19 右ストレート　20 左フック

21 右ストレート　22 ジャブ　23 ジャブ　24 スウェー　25 左ウィービング

26 右ウィービング　27 前に来た相手を　28 再び左足を中心にした　29 ピボットでかわし　30 左フック

31 右ストレート　32 右にウィービング　33 右ストレート　34 左フック　35 右ストレート

36 左ショルダーブロック　37 右ストレート　38 左フック　39 右ストレート　40 左ショルダーブロック

41 右ストレート　42 左フック　43 右ストレート　44 ジャブ　45 ジャブ

⑦ ビッグセール

プロレスラーであるスーパークラフターUならではの受け方が、このビッグセールとビッグバンプ。打撃を受け、必要以上に大きく飛び受け身を取る。ウィラサクレック会長もこのビッグセールを得意としており、時おりデモンストレーションで披露する。ジムトレーナーは会員サービスの一環として取り入れてみてもよいかしれない。

1 向き合ったところから

2 左ミドルを受け

3 続いて右前蹴りを受け

4 後方へ体勢を崩し

5 大きく飛んで

6 倒れていき

7 背面受け身を取り

8 フィニッシュ

⑧ビッグバンプ

\Let's Check!/

ビッグセールをさらに進め、プロレスラーとミット持ちを両立させるクラフターUにしかできないのがこのビッグバンプ。持ち手が打ち手のために体を張るのがミット打ちだが、それが最も端的に表れる持ち方でもある。

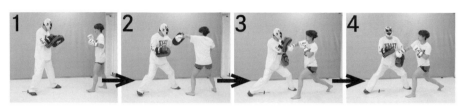

1 相手の攻撃を待ち

2 まず左フックを受け

3 続いて力を込めた右ストレートを受ける

4 衝撃に体勢が崩れ

5 パンチの威力に弾かれ

6

7 体が前方に飛び出し

8

9 空中で回転し

10

11

12 背面から落下

13

14 大きな受け身(バンプ)を取り

15 フィニッシュ

175

100円ショップで売られている
商品1つ（つまり消費税込み110円!）で
できるミット打ち

世界初の格闘技のミット持ちの教科書

2021年9月30日　第1版第1刷発行

著　者　鈴木秀明
　　　　若林直人
　　　　スーパークラフターU
発行人　池田哲雄
発行所　株式会社ベースボール・マガジン社
　　　　〒103-8482　東京都中央区日本橋浜町2-61-9 TIE 浜町ビル
　　　　電話 03-5643-3930（販売部）
　　　　　　 03-5643-3885（出版部）
　　　　振替 00180-6-46620
　　　　https://www.bbm-japan.com/

印刷・製本　共同印刷株式会社